大話廣府

上 册

大话国 编绘

SPM
南方传媒

广东人民出版社
·广州·

图书在版编目（CIP）数据

大话广府/ 大话国编绘. — 广州 ：广东人民出版社，2018.8（2023.04重印）
ISBN 978-7-218-13099-6

Ⅰ．①老… Ⅱ．①大… Ⅲ．①文化史－广东 Ⅳ.①K296.5

中国版本图书馆CIP数据核字(2018)第169245号

DAHUA GUANGFU

大话广府

大话国　编绘

出 版 人：肖风华

责任编辑：黎　捷　夏素玲
图书设计：广州亦可文化传播有限公司
责任技编：吴彦斌
封面题字：岑小可

出版发行　广东人民出版社
地　　址：广州市大沙头四马路10号（邮政编码：510102）
电　　话：（020）85716809（总编室）
传　　真：（020）85716872
网　　址：http://www.gdpph.com
印　　刷：佛山市迎高彩印有限公司
开　　本：889mm×1194mm 1/16
印　　张：11　　字　数：200千
版　　次：2018年8月第1版
印　　次：2023年4月第5次印刷
定　　价：45.00元

如发现印装质量问题，影响阅读，请与出版社（020-85716849）联系调换。
售书热线：（020）83781467 83795240

编者的话

　　老广新游团队于2010年创作了第一本关于广州文化的城市绘本《老广新游》，有幸受到读者垂青。八年来，我们陆续创作了数十种出版物，从多个方面介绍广府历史文化、风土人情。2018年盛夏，我们将沉淀多年的经验，都灌注到《老广新游·大话广府》里面，为这片土地的一些事、一些情，留下一份历史笔记。

　　为了筹备此书，我们踏上南粤雄关，探寻广府先民从中原南下的步伐；参加珠三角南部的小榄菊会，品味南派菊艺；走访岭南古村落，体验水乡人文，赛龙夺锦。

　　在做完第一话"追根溯源"的时候，我们发现想说的话远比想象中的要多，于是把大纲拆分为上下两册：上册谈广府的历史、地理、人文、语言、节庆、信仰；下册谈广府的美食、工艺、功夫、艺术、建筑。

　　从选题策划、调研采风、搜集资料、写稿绘画、排版设计到印刷成书，光是上册就已耗时两年，超越我们编写的所有书的制作成本。愿您能在我们的图画和文字间，轻松愉快地了解广府文化的脉络，感受广府文化的魅力。

老廣新游

大话国

目录 上册

第一话 · 追根溯源

中国南部有五座山岭，五岭以南称为岭南，面海背岭，地处亚热带，有其独特的自然条件。两千多年前生活在这里的原始先民称为百越族。百越先民在山与海之间过着自由自在的渔猎生活。以中原文化为主的北方文化自秦末开始影响岭南，成千上万的北方移民翻过梅岭古道踏进五岭以南，把各自家乡的风俗带进岭南。北方移民与百越民族长期交融生息，共同构成岭南地区的文化风貌。而岭南文化又分为广府文化、客家文化、潮汕文化三大民系。

广府是什么
Definition Of Canton
◆ 广府、广东、岭南不一样 ◆

　　"广府"是古时候的行政区域。"广"字来源于汉武帝设立的"广信县"。而"府"字的来源可追溯至隋朝设立的"广州总管府",唐朝初年改称"广州都督府";至明朝又设置"广州府"。

贵州

云南

汉武帝在岭南设立"广信县"为首府,取"初开粤地,宜广布恩信"之意.

明朝,"府"是比"县"大一级的行政单位,由"知府"话事.

　　明朝开始设立广州府,简称"广府",包括番禺、南海、顺德、东莞、新安、三水、增城、龙门、清远、香山、新会、新宁、从化等十几个县。

　　时移世易,如今"广府"的概念已从行政区域变成了文化区域。判断"广府人"的标准是:以粤语语系为母语,且有相同文化风俗的人群。除了大部分广东及港澳居民,还包括部分广西居民以及一些海外华侨群体。

岭南

岭南区域范围

黄色的地方为

广西

贺江

广信县

封开

西江

广东

广州

澳门

香港

岭南地区示意图

海南

广　信

广信在贺江、西江交汇处，是当时进出岭南的重要通道，也是两广咽喉之地。

广信作为岭南政治、经济和文化中心，历经三百多年，被誉为"岭南古都"，是岭南文化的发祥地之一。广信县的位置在现在的封开，但这个地名已不复存在。

岭　南

"岭南"是五岭以南的地区，包括广东、广西、海南、香港、澳门。

广府有段古
History Of Canton
◆ 中原民族与岭南民族的融合 ◆

秦始皇

古岭南是让中原人心生怯畏的"荒蛮之地"。因五岭山脉隔断南北交通，鲜有人能南下探险。直到秦统一六国，秦始皇下令吞并岭南，扫平百越，并设立三个郡，中原民族与岭南民族才开始融合。

五岭

长沙郡

九江郡

闽中郡

桂林郡

象郡

南海郡

番禺

百越族

"百越族"不是一个民族，而是众多古越部族的统称，他们各有支系，杂居共处，互不统属。

秦以前的百越族，大多在丛林里过着以渔猎为生的原始生活。巢居、黑齿、食蛇、断发纹身都是他们的风俗。

今天的浙江、江西、福建、湖南、广东、广西、海南以及邻国越南等地都是当时百越族的活动范围。

秦定岭南

公元前 214 年，秦始皇派五十万大军平定岭南，后设桂林、南海、象三郡。秦兵南征为岭南地区带来了中原的人口和先进的技术。新移民开启了民族文化交流与融合。

陈胜

吴广

陈胜吴广起义

公元前 209 年，秦二世胡亥继位，朝廷征发九百名贫苦农民去防守渔阳（今天北京密云附近）。途中因大雨滞留在大泽乡，按照秦律，延误当斩。农民中的陈胜和吴广为了求生，号召人们揭竿起义，顿时四方诸侯、豪杰并起，天下大乱。

楚汉相争

公元前 206 年，大秦王朝覆灭，刘邦与项羽逐鹿天下，于是有了长达四年的楚汉战争。

刘邦

项羽

赵佗立国

公元前 204 年，天下动乱，波及岭南，历史把安定岭南的任务交到了南海郡尉赵佗手里。赵佗起兵兼并桂林郡和象郡，建立南越国，定都番禺（现广州），史称"南越武王"。赵佗安定了岭南大局，并为一个存在近百年的富足国家奠下基础。

赵佗

和辑百越

建南越国后，南越武王赵佗在当地推行"和辑百越"政策：吸纳更多的越人参政；让中原人学习越人习俗；鼓励他们与越人通婚；实行越人自治。该政策为岭南政治、经济、文化以及汉越民族融合作出巨大贡献，也为广府民系的形成奠定基础。

古代军队远征结束后,所带的大量人员需留驻新征服地。因此,平定岭南的五十万秦兵奉命屯扎岭南。他们中,有作战将士、后勤人员、随军家属,甚至还有负责背负行装、运送物资的罪犯奴隶。

秦朝灭亡,自立为王的南越王赵佗推行"和辑百越"政策,把相差甚远的中原文化和百越文化融合成岭南文化雏形。

中原人

文官

《博物志》上记载"南越巢居","巢居"的"巢"是一种适应南方气候的高脚屋(栏杆式房屋),上层住人,下层养家畜。

巢居族

《异物志》记载:"西屠国,以草漆齿,用白作黑,一染则历年不复变。"黑齿族喜欢用植物色素把牙齿染黑,以此为美。

黑齿族

百越族

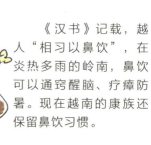

《汉书》记载,越人"相习以鼻饮",在炎热多雨的岭南,鼻饮可以通窍醒脑、疗瘴防暑。现在越南的康族还保留鼻饮习惯。

鼻饮族

武将

士兵

宫女

《山海经》记载："贯匈国在其东，其为人匈有窍。"从字面上理解，就是胸部有洞的人。其实在炎热的南方，流行制作简单的衣裙，即以两块布缝合从头上贯下，类似于今天的Ｔ恤。穿这类衣服的族群就叫"穿胸族"。

穿胸族

《庄子·逍遥游》记载"越人断发文身"。越人不爱蓄发，更爱在身上刺画各种花纹。

断发文身

《史记·货殖列传》记载：楚越之地，地广人稀，饭稻羹鱼，或火耕而水耨，果隋蠃蛤……"《淮南子·精神训》则载："越人得髯蛇，以为上肴……"可见百越族喜欢吃鱼类及贝类，同时还把蛇、禾虫、青蛙、鼠类视为美食。

食蛇鼠蛤

穿越五岭的"大迁徙"

在五千年的中华历史进程中，人们因政治逼迫、躲避战乱、营谋生计等，多次自北向南迁移。汹涌的移民潮对岭南地区产生了什么影响？让我们沿时间线索追寻答案吧。

统一六国后，秦始皇派兵攻打岭南。秦军在岭南安家落户，为这里带来了充足的人口与先进的技术。

后来，秦将赵佗建立南越国。

乾隆二十二年（1757年），乾隆皇帝规定广州为与西洋海外贸易的唯一港口。手工业生产急需劳动力，吸引了更多人到这里谋生。

元朝末年，南雄战乱频繁，珠玑巷居民继续南迁。元朝灭亡后，明政府为了安置这些南迁的移民，建立了1州15县，并交由广州府管理。广府人逐渐成为岭南的重要族群。

汉武帝收复南越国后发展南方经济。加上北方战事不断，人们向局势相对稳定的南方迁移。

西晋末年，皇族内乱不断，胡人趁机建立政权，与新生的东晋政权形成对峙，史称"五胡乱华"。为躲避战乱，中原人大规模南迁。

公元 755 年至 763 年，"安史之乱"使北方一派狼藉。相比之下，南方繁荣依旧，广府商贸活跃，在这种情况下，大量移民南迁避难。

汉

晋

唐

快追！一个都不要放过！

南宋

北宋

靖康之难后，中原及江南氏族因金兵、元兵入侵而大举南迁，形成移民高潮，人们由珠玑巷转至珠三角，成为广府人口的主要来源。

北宋靖康之难，金兵入侵中原。大批难民南迁至珠玑巷。

古代的"京广线"

　　五岭中的大庾岭上有一条中国保留最完整的古驿道，古道山岭两壁长满白梅花，故曰"梅岭古道"。古道始通于秦汉，宋代"客流高峰期"每日有近万人经过，常能看到"长亭短亭任驻足，十里五里供停骖，蚁施鱼贯百货集，肩摩踵接行人担"的繁荣景象，可谓古代的"京广线"。

中原

丹霞山

珠玑古巷

韶关

　　韶关古时候叫韶州，明清时期在这里先后设立了水陆关卡收税，于是俗称韶关。

　　珠玑古巷是广东仅有的一条唐代古巷。来自中原的移民沿梅岭古道南下，找到山下这处有丰富水源的平地聚居，逐渐成为兴旺的村落。

南华寺

　　南华寺坐落于韶关市曹溪之畔，被称为中国禅宗之源。

　　由于中原战乱逐渐殃及到珠玑巷的安宁，珠玑巷人不得不再次南迁。他们一路南下，向珠三角等地继续迁移。

梅岭关口位于梅岭顶部，古人利用山壁垭口的天险建关口，隔开广东、江西。现存的关楼建于宋朝嘉佑年间，为砖石结构，古朴雄伟。

张九龄

张九龄（678年—740年）唐朝韶州曲江（今广东省韶关市）人，唐朝开元年间名相。716年秋，张九龄辞官还乡，向朝廷请旨开凿大庾岭的梅岭古道。

梅关古道

南雄

坪田

坪田地处广东省南雄市，素有"银杏之乡"美称。坪田银杏相传是由唐朝崖州都督叶浚之子叶云兴从浙江丽水带来的。至今，坪田仍有全国纬度最低的银杏林。

珠玑古巷

梅岭古道

广府源头出珠玑

据明《永乐大典》记载，"自汉末建安至东晋永嘉之际，中国人避地者多入岭表"，"岭表"指的就是"岭南"。而到了宋代，金兵入侵，入粤移民大增，南雄珠玑巷就成为他们的落脚点和中转站。

珠玑巷是南下北上的必经之路。行人从大庾岭过梅关向南到珠玑巷，正好是一日脚程；而从南雄上梅关，天黑前不一定能翻过大庾岭，因此，他们大多在珠玑巷落脚休整。

南雄珠玑古巷有"广东第一巷"之称，这里还保留着见证中原移民史的百家姓氏宗祠。

三大民系

历代中原移民与岭南原住民在不同历史阶段的融合，产生了广府、潮汕和客家三大民系。

除三大民系外，广东还有雷州（闽南人与雷州半岛和海南岛原住民的混血后代）、高凉（主体是粤西原住民俚人）、海陆丰等族群。

客家 出来料啊里（出来玩下）

老爷保号（老爷保佑）

大吉大利

广府

潮汕

广府民系

广府民系主要分布在珠江三角洲地带，且多占据了对外交流的重要港口，因此，广府人是最早接触西方文化思想的。他们勤劳务实、灵活变通，兼容并蓄，敢于尝先。

广府童谣

落雨大，
水浸街，
阿哥担柴上街卖，
阿嫂出街着花鞋，
花鞋花袜花腰带，
珍珠蝴蝶两边排。

方　言：粤语
聚居地：珠三角　粤西　粤北
地　理：有山有水好风光

广府

客家民系

客家民系的入粤时间比广府和潮汕都晚，只能居住在内陆山地，是为："逢山必有客，无客不住山。"长期迁徙令客家人养成了刻苦耐劳，自立自强的民风。

客家山歌

落水天，落水天，
落水落到，崖够身边，
湿了衣来，又无伞略，
光着头来，真可怜。

方　言：客家话
聚居地：粤东　粤东北　粤北
地　理：居山靠山

潮汕民系

潮汕民系是从中原南下福建而后迁入粤东的汉人后裔。潮汕人有典型的海洋性格。敢于拼搏，团结互助，以商人本色著称，被称为"东方犹太人"。

潮汕童谣

雨落落，
阿公去夺薄，
夺着鲤鱼壳苦初，
阿公里爱烙，
阿玛里爱焗，
二人啊勿落，
烧拍倒蓉毛，
蓉去问老爹，
老爹依担二人食老无事拍踢桃。

方　言：潮汕话
聚居地：粤东三市
地　理：靠水喜水

客家

潮汕

梅州

潮州

广州

21

广府之民
The People of Canton
◆ 努力进取 自由生活 ◆

珠三角温暖潮湿，土地肥沃，水源充足，人们依靠这方水土务农经商，修筑水利疏洪，渐渐创造出一个富裕的南方。

广东人勇于冒险，努力进取。自由独立的自梳女，漂洋过海闯金山的华工，水上生活的疍家人，都是极具广东人性格特点的代表。

桑基鱼塘

桑基鱼塘始见于宋，在明清时期发展兴旺。人们为解决洪水泛滥之忧，将农田低洼积水之处深挖为池塘，挖出来的淤泥就地堆砌成塘基，池塘养鱼，塘基上种桑树果树。

明末清初，基塘农业以果基鱼塘为主。但到了十三行时期，工业革命带旺纺织业，外国商人大量采购生丝，珠三角便掀起了两次改稻田作桑基鱼塘的风潮。南海九江和顺德龙山、龙江等乡皆"境内有桑塘无稻田"。

光绪《高明县志》记载了基塘经济的高效和高收益："基种桑，塘养鱼，桑叶饲蚕，蚕矢（屎）饲鱼，两利俱全，十倍禾稼。"

光绪《高明县志》记载了基塘经济的高效和高收益："基种桑，塘养鱼，桑叶饲蚕，蚕矢（屎）饲鱼，两利俱全，十倍禾稼。"

桑树 基种桑，塘养鱼

桑叶 桑叶喂蚕

蚕虫

蚕沙 蚕虫的排泄物，用于喂鱼

蚕丝 蚕丝是自然界中最轻最柔最细的天然纤维

蚕茧

桑树和果树

基堤上种满了甘蔗，

为塘，挖塘的淤泥堆于围围为基堤

低洼积水之处深挖

甘蔗

塘泥

基堤

后来由于经济危机，丝织品销路锐减，桑基鱼塘面积大大缩小，逐渐被蔗基鱼塘代替，以甘蔗为主的制糖业逐渐兴旺。

SUGAR

塘鱼

蚕丝被

轻盈软熟，保暖效果好

蚕丝被子，

炼糖

23

自梳女

青丝挽云髻，冰心托玉堂

　　自梳女是通过特定的仪式把头发盘成发髻，宣布终身不嫁的女子群体。当年珠江三角洲桑蚕业兴盛，女人靠着自己双手辛勤劳动也能经济独立，安居乐业，有的自梳女甚至能养活全家。这样，女人便有选择归宿的权利。然而在中国习俗里，年长的女子如果不出嫁，就会阻碍弟弟妹妹娶嫁，所以"梳起不嫁"的仪式应运而生。"梳起"了的女孩等于已出嫁，可以名正言顺地留在乡下。而自梳女自发筹资买下或租下的房屋称"姑婆屋"。顺德均安镇的"冰玉堂"就颇具代表性。

自梳仪式在姑婆屋举行。自梳前要先择吉日良时，买好自梳用品；以"香汤"沐浴。

当天清早，准备梳起的女子穿上白色内衣和深色外衣，准备好三牲礼品，在观音菩萨像前，由年长的自梳女帮她结发髻，再把刘海梳起，边梳边念"八梳诀"，完成后再向观音菩萨祷告。礼毕，亲戚们还会送上金饰、布匹和被铺。

八梳诀

一梳福寿
二梳自在
三梳清白
四梳坚心
五梳金兰姐妹爱
六梳大吉大利
七梳无难无灾
八梳无难无灾

准备好新衣、鞋、袜、妆镜、头绳、大小一对梳子和香烛酒肴

自梳前，先选择吉日良时，

香烛

新衣

头绳

以柏叶、黄皮树叶煲水，
（俗称『香汤』）沐浴

香汤

"马姐"的"五手辫"

后来珠江三角洲的蚕桑业不景气，许多自梳女都到南洋以及中国香港、澳门等地给富裕的家庭打住家工，俗称"马姐"。

"马姐"在香港

25

疍家人

逐水而居，浮家泛宅

　　"疍家人"分布在中国南部沿海，以船为家，一生都住在水上。据说疍家人是百越族的一支后裔，被称为"海上的吉卜赛人"。疍家人没有户籍，生老病死都在船上，这造就了他们自由自在无惧风雨的性格。童谣"月光光，照地堂，虾仔你乖乖训落床"就体现了疍家人的生活。

　　宋朝的《太平寰宇记》中写道"疍户多生于江海，居于舟船，逐水而居"。这是关于疍家人最早的文字记录。由此推测疍家人在宋朝以前就开始水居了。

海笠　海笠俗称"虾姑帽"，可遮阳又可挡雨。其外部刷一层油，既保护竹笠又增加了一分光彩

浮标　疍家的孩子都背着一块浮木浮标，上面系上铃铛，以便孩子不小心掉入水中时救生

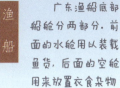
渔船

广东渔船底部船舱分两部分。前面的水舱用以装载鱼货，后面的空舱用来放置衣食杂物

疍家船

疍家鸡

網網千二

除了捕鱼，疍民也会在船尾养鸡来补充蛋白质，于是诞生了歇后语：疍家鸡见水——得个望，因为疍家鸡只能天天困在笼里，渴了也喝不到满江碧水

舢板船上的生活

沙面河涌的疍家船

　　疍家人与陆上人有明显的文化差异。例如，疍家人出海捕鱼前都要拜妈祖，祈求风平浪静。去疍家做客，忌踏门槛，吃饭时碗、匙不能反扣在桌上，夹菜时手心不能向下，吃鱼时不能把鱼身翻转。因这些动作预示着"翻、沉、搁浅"。而坐姿也忌两脚悬空，免得"不到埠"。

　　中华人民共和国成立后，疍家人大多上岸落户居住，他们的"咸水歌"和逐水而居的生活方式也逐渐远去。

金山伯

飘洋过海，衣锦还乡

19世纪中期，美国的西部大开发急需大量劳动力。美国开发商就在广东港口附近大量张贴招聘广告。许多农民都选择了出洋谋生，祈求能通过"上金山"改变家族命运。这批华工年老后衣锦还乡，买地盖房，娶妻生子，被称"金山伯"。

中国第一侨乡

晚清出洋的华工多为五邑人，其中人数最多的是台山，五邑指的是台山、开平、恩平、鹤山、新会。

欧洲　亚洲　北美洲　中国　三藩市　广东　太平洋　非洲　印度洋　南洋　大洋洲

为什么只有"金山伯"没有"金山娘"呢？因为当时海外工种都是种蔗割胶、开荒修路、挖矿开厂，只有男丁才能胜任；再加上如加拿大在1885年通过了向华人收取昂贵的"人头税"法案，带上妻儿就要另外缴税，所以出外谋生的就都是男性了。

中国男性很少和其他族裔通婚，且又被当地政府用各种政策刁难。许多华工都是奋斗了几十年才存够孤身回家的钱。

卖猪仔　签订契约后的华工像猪仔一样被贩卖掉，所以他们又被称为"猪仔华工"

卖身契

金山　当时美国三藩市在淘金热中迅速发展，被华侨称为"金山"。后来因澳大利亚墨尔本发现金矿而成为"新金山"，三藩市就称"旧金山"

南美洲

　　聪明的华工也在海外创业：洗衣房、餐馆、农庄、医馆药店等行业成为当时海外华人的主要业务。

　　有趣的是，华工务农的技术也很高明。据说一种著名的美国樱桃"Bing cherry"，就是一位叫"阿冰"的广东华工帮助白人农场主嫁接创造出来的新品种。后来"阿冰"因排华政策无法留在美国，农场主为了纪念他，就把新品种樱桃命名为"Bing cherry"（冰记樱桃）。

淘金矿的华工

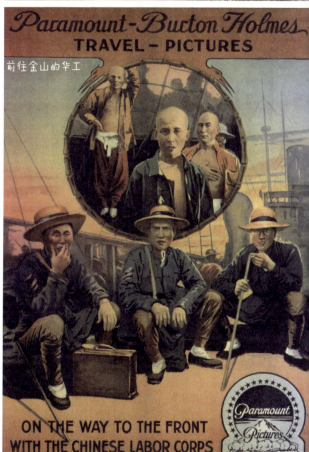

前往金山的华工

Paramount-Burton Holmes
TRAVEL - PICTURES

ON THE WAY TO THE FRONT
WITH THE CHINESE LABOR CORPS

修铁路的华工

拘留华人的天使岛

天使岛

　　美国政府曾在三藩市的一个岛上设立移民检查站，这座叫做"天使岛"的美丽小岛，在1910—1940年间，拘留着17.5万名中国移民。

　　1882年起，美国政府实行长达60多年的排华政策，许多曾经为开发美国做过贡献的华工都被拒之门外。他们满怀憧憬远渡重洋，却被挤在狭小局促的木屋中，等候漫长的甄别审查、检疫等。

　　华人在营房的墙上留下了约200首中文诗词，表达了内心的压抑和绝望：

> 新客到美洲，必逮入木楼。
> 俨如大犯样，在此经一秋。
> 美国人不准，批消拨回头。
> 船中波浪大，回国实堪忧。
> 国弱我华人，苦叹不自由。
> 我国豪强日，誓斩胡人头。

> 黄家子弟本香城，
> 挺身投笔赴美京。
> 卖梓到了金山地，
> 谁知拨我过埃伦 (island)。
> 我国图强无此样，
> 船泊岸边直可登。

（摘自《埃伦诗集》）

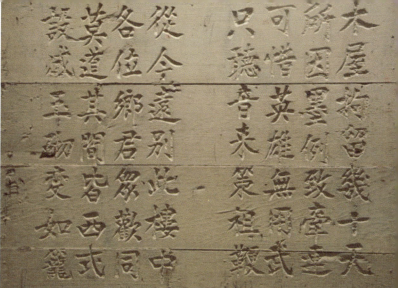

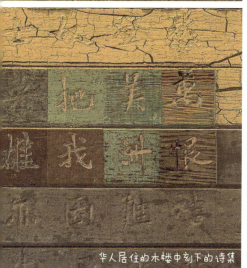

华人居住的木楼中刻下的诗集

正在接受检查的华人

三百年前的"广交会"

The Influence of Thirteen Hongs in Canton

◆ 富可敌国的广州十三行 ◆

　　中国货，自古就是西方商人的至爱。持续了几百年的瓷器、茶叶、丝绸贸易承载着东西方的经济与文化交流。

　　15世纪，欧洲造船及航海技术突飞猛进，欧洲人用先进的远洋船开辟了新航线。相比起古老的陆上丝绸之路，海路载货量更大，也更便捷，横贯东西的大航海时代由此开始。

瑞典
英国
葡萄牙
欧洲
罗马尼亚 土耳其
哈萨克斯坦
乌兹别克斯坦
吉尔吉斯斯坦
伊朗
巴基斯坦
新疆
兰州 西安
广州
澳门
孟加拉
印度
马六甲
好望角

----- 陆上丝绸之路
----- 新航路开辟

洪任辉

早在秦汉时期，中国与海外诸国已有贸易往来。经过明清两代的长时间"海禁"后，康熙帝在平定台湾后，于康熙二十三年（1684年）宣布解除海禁，史称"康熙开海"。次年（1685年），又于广州（粤海关）、漳州（闽海关）、宁波（浙海关）、上海（江海关）设立四大海关，管理海外贸易。

然而，到了乾隆年间，这个状况改变了。大量西洋商船云集在宁波港一带，希望打开中国丝茶产区市场，引起朝廷警惕。使乾隆对正在开放的贸易港口有了新思考。他认为，"洋船至宁波者甚多，将来番船云集，留住日久，将又成一粤省澳门矣。"原来，乾隆想到明朝年间，葡萄牙人以"借地晾晒水浸货物"为借口，获得澳门半岛的暂时居住权。此后葡人更强盖房屋，设立机构，扩大地盘。

以史为鉴，清政府于1757年勒令来自西洋的"番商"只能在广州停泊贸易，其余港口则仍可以和东洋、南洋商船做贸易。史称"一口通商"。

后又有东印度公司为首的西方商人的洪任辉（James Flint），不顾乾隆皇帝的禁令，再次前往宁波港和天津港，还聘请了中国人为其写状纸，告御状，激怒了乾隆皇帝。此后，乾隆帝颁布《防范外夷规条》，对西洋来华商人作出了严格的限制，而带头告状的洪任辉则被下令于澳门圈禁三年，史称"英吉利通商案"。

茶叶行

瓷器行

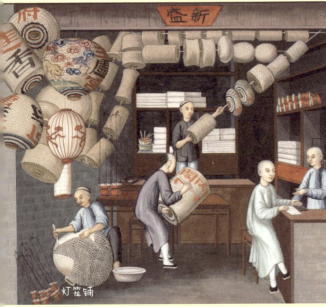

灯笼铺

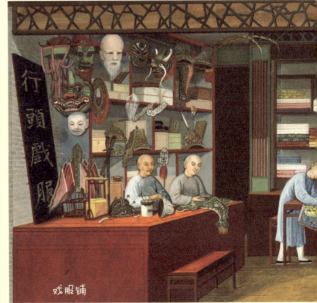

戏服铺

布匹行

金器行

"银"流成河

"一口通商"，使广州成为世界贸易体系中心，还造就出兴旺的"十三行"。

> 洋船争出是官商，
> 十字门开向二洋。
> 五丝八丝广缎好，
> 银钱堆满十三行。

从清代广东文人屈大均的竹枝词中可见，17世纪的广州十三行已是洋船云集，行商们富得流油。

1757年"一口通商"后，行商们的富裕程度要改口说是：富得流"银"！

全盛时期的十三行缴纳的税额占清政府总税收的40%，被称为"金山珠海，天子南库"。

1822年，十三行发生了一场火灾。清代文人汪鼎在《雨韭庵笔记》中写道："烧粤省十三行七昼夜，洋银熔入水沟，长至一二里，火熄结成一条，牢不可破。"

十三行行商——伍秉鉴更是当时的世界首富。在道光年间，他的资产高达2600万两白银，约合现在40亿元人民币。

伍秉鉴

伍秉鉴小档案

别　号：浩官

英文名：howqua

职　业：十三行总商，『怡和行』大boss

性　格：笃守诚信、慷慨大方

地　位：世界首富，身家2600万两白银

清代外销画中的广州商铺

洋货入粤过四关

据记载,十三行鼎盛的80多年间,有五千多艘外洋商船在黄埔港的粤海关停泊过。

所有外洋商船,第一站,必须在澳门领取进港牌照,聘请中国引水员为其带路。第二站,到虎门验牌照,丈量船只,卸下违禁商品和火炮。第三站,到达黄埔港,缴纳关税后,便可将远洋船停泊在黄埔,卸货,换乘小型船进入省城十三行。

广州

4
换成小船进入十三行
贸易买卖

十三行

黄埔海关

3
引水员带领通事、买办
征收船钞
离港红牌领取处

牌照

威远炮台

虎门镇

威远岛

大角炮台

横档岛

虎门

沙角炮台

2
引水员带领开进虎门
海关税馆人员登船丈量
卸下违禁商品和火炮
缴交杂费

伶仃岛

九龙

香港

澳门

1
虎门口外洋下锚
领取入港牌照

牌照

雇请中国引水员

名　　称：哥德堡号 (East Indiaman Gotheborg)
国　　籍：瑞典
航　　运：三次远航中国广州。
规　　格：瑞典东印度公司著名的远洋商船。
大事记：返航时候在瑞典哥德堡附近触礁沉没。

名　　称：中国皇后号（The Empress of China）
国　　籍：美国
航　　运：1784 年 2 月 22 日从纽约港出发到广
　　　　　州的黄埔港。
之　　最：第一艘来华的美国商船。
规　　格：海军战船改装为远航商船。
大事记：美国总统华盛顿买下了商船带回来一整套中国陶瓷
　　　　　餐具。
　　　　　首航为美国海上贸易打开了新的大门。

扫一扫，听古仔

扫一扫，听古仔

名　　称：耆英号
国　　籍：中国
航　　运：1846 年至 1848 年期间完成了从香港出发，
　　　　　经好望角至美国东岸，随后又到达英国的行程。
之　　最：中国第一艘远洋到欧美的船只。
规　　格：广船（柚木）三桅帆船。
大事记：清朝时期第一艘到达美洲和欧洲港口的中国传
　　　　　统帆船。
　　　　　部分船上乘客参加在伦敦举行的首届世界博览会。

十三行的小故事

前方高能预警！你即将进入超长画卷，扫扫下方的二维码，更多十三行故事等你解锁！

扫一扫，听古仔

① 伍秉鉴斯借条

② 晒了又晒的茶叶

③ 伯驾医生的眼科药局

④ 中国人睇番鬼餐

⑤ 海珠炮台

⑥ 西洋画师林呱

外商贩毒祸害中华

　　为扭转巨大的贸易逆差，英国商人非法将鸦片输入中国，偷藏在伶仃岛的趸船只上，由走私快艇"快蟹""扒龙"载货回城贩卖。

　　清政府多次颁布禁毒法令。1839年，钦差大臣林则徐于广东禁烟时，派人明察暗访，强迫外国鸦片商人交出鸦片，于虎门销毁。英国借此为由发动第一次鸦片战争。

大清国打败仗

1842 年，清政府在鸦片战争中战败，被迫签订一系列不平等条约，中国开放广州、厦门、福州、宁波、上海五处为通商口岸，史称"五口通商"。此后，英商可赴中国沿海五口自由贸易，广州行商垄断外贸的特权被取消。

1856 年，第二次鸦片战争打响，英法联军拆毁了十三行商馆区周边的大片民房，愤怒的广州民众在废墟残址上点火，十三行在熊熊烈火中化为灰烬。

南海知县华延杰在《触藩始末》一书描写："夜间遥望火光，五颜六色，光芒闪耀，据说是珠宝烧裂所致。"面对被烧毁的十三行，外国人将目光转向沙面，十三行商馆区的历史也就此结束。

续写外贸传奇

　　如今，十三行成了广州荔湾区的一个路名，但两百多年前的外贸基因却在这座城市延续了下来。

　　自 1957 年起，每年春秋两季的中国进出口商品交易会，都在广州举办。近年来，广交会成交额已高达 600 亿美元（折合 3937 亿人民币）。这一交易额等同卖了 6000 万部顶级手机，足够全体英国人换新手机了。可见广交会的外贸地位举足轻重。

近代革命策源地

广府人在中国近代历史中有着不可替代的地位。鸦片战争、太平天国、维新运动、辛亥革命、国共合作，众多改变中国历史进程的重大事件皆发生在广府人身上；林则徐、康有为、梁启超、孙中山等革命先辈、有识之士为挽救民族危亡和推动社会进步做出卓著贡献。广东被视作近代改革与民主革命策源的中心地带，皆因广府人有着寻求变革、敢为人先的精神特质。

1841 年

广州三元里抗英斗争

1839 年

林则徐在东莞虎门销毁鸦片

1911 年

广州黄花岗起义

1923 年

中共三大在广州召开，确立国共合作，建立革命统一战线的方针

国民党一大在广州召开，达成国共合作；组建黄埔军校

1924 年

容闳参与筹建了中国第一个现代
军火工厂"江南制造局",并组织了
第一批官费赴美留学幼童

1865 年

1851 年

广西金田起义,
洪秀全建立太平天国

康有为在广州创办万木草堂,
宣传维新思想

1891 年

1909 年

詹天佑是广东南海人,是
容闳组织的第一批官费赴美
留学幼童之一,他建设了京张
铁路等重要工程,被誉为"中
国铁路之父"

1926 年

国民革命军在广
州发动北伐战争

1925 年

广州·香港
省港大罢工,
支援上海五卅反帝运动

第二话 ◆ 广府山水

广东省北依云贵高原和南岭，中亘两广丘陵，南临浩瀚的南海，全境北高南低，西陡东缓，从粤北山地逐步向南部沿海递降，形成了北部山地、中部丘陵、南部平原的地貌。

广府地区以珠江三角洲为中心，涵盖珠三角周边的粤西、粤北部分地区和桂东南地区，沿海平原中间夹着丘陵低山。这种对内封闭、对外开放的地理格局，让广府民系既能延续本土文化特质，又可纳海外风气之先，造就"生猛鲜活"的广府文化。

山海之间

Between Mountain and Sea

◆ 广府之地，依山傍水 ◆

广府背山面海的好风水，让住在这里的人们既能免受战乱滋扰，又能纳海外风气之先。

北高南低，背山面海

N 北

S 南

越城岭

主峰 2141.5 米高，花岗岩断块山。秦代修筑的灵渠在此。

五　岭

五岭由西到东分别是越城岭、都庞岭、萌渚岭、骑田岭和大庾岭。其屹立在湖南、两广、江西之间，是中国南部最大的横向山脉，也是长江和珠江的分水岭。

北盘江

四川

云南

昆明

南盘江

右江

珠　江

珠江水系由西江、北江、东江及珠江三角洲诸河汇聚而成，是中国南方最大的水系，流量位居全国第二。

水

山

都庞岭 主峰高2009.3米，山脊为长江水系和珠江水系分水岭，山溪落差大。

萌渚岭 主峰高1787米，湖南进入广西之道。

骑田岭 主峰高1510米，岭关，为湖南进入广东之道。附近的折

大庾岭 海拔1000米左右，花岗岩断块山。岭上有梅关。

五岭山脉示意图

漓江　柳江　龙江　广西　郁江　桂江　贺江　西江　广东　北江　珠江　东江

桂林　梧州　广州　韶关　香港　澳门

三江交汇 西江、北江在广东省三水市汇入珠江；东江在广东省东莞市石龙镇汇入珠江

珠江流域示意图

南国水乡

珠江水系是世界上最复杂的水路网络之一。其由三江汇集，分八个口门流入大海。人们依水道开田建村，开放港口对外通商，形成独一无二的珠江三角洲。

广州
佛山
东莞
深圳
江门
中山
珠海
香港
澳门

珠三角

厓门　虎跳门　鸡啼门　磨刀门　泥湾门　洪奇沥　蕉门　虎门

八大口门

不一样的珠三角

珠三角是由珠江水系冲积形成的复合型三角洲，除了肥沃的平原，它还拥有最复杂的水路交通。因此，珠江三角洲流域自古就拥有优越的航运条件。

湖泊

沙田

珠江三角洲形成了许多美丽湖泊，其中较出名的是肇庆星湖。星湖内含著名的七星岩景区。

沙田指在沿海地带由江河带来的泥沙淤积而成的土地。宋代后随着珠江含沙量的增加，三角洲发育加快，淤积而成的大片陆地被垦为沃壤。如今的中山、东莞及广州的番禺、南沙一带就有大量沙田。

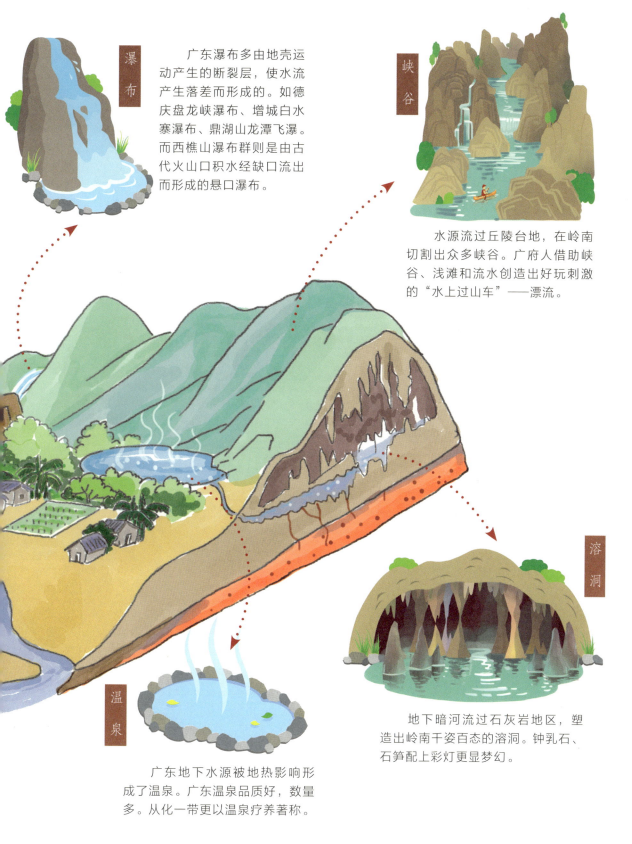

瀑布

广东瀑布多由地壳运动产生的断裂层，使水流产生落差而形成的。如德庆盘龙峡瀑布、增城白水寨瀑布、鼎湖山龙潭飞瀑。而西樵山瀑布群则是由古代火山口积水经缺口流出而形成的悬口瀑布。

峡谷

水源流过丘陵台地，在岭南切割出众多峡谷。广府人借助峡谷、浅滩和流水创造出好玩刺激的"水上过山车"——漂流。

溶洞

地下暗河流过石灰岩地区，塑造出岭南千姿百态的溶洞。钟乳石、石笋配上彩灯更显梦幻。

温泉

广东地下水源被地热影响形成了温泉。广东温泉品质好，数量多。从化一带更以温泉疗养著称。

岭南自然风光婀娜多姿，既有气势磅礴的山峦，也有水网纵横的平原；既有岩溶洞穴，也有川峡险滩的奇景，更有海天一色的港湾风光。岭南四大名山为鼎湖山、罗浮山、西樵山及丹霞山，此外还有莲花山、白云山等人文名山。

游山玩水

名山篇

西樵山
位置：广东省佛山市南海区
特色："南拳文化"的发源地，广东四大名山之一
景点：南海观音　宝峰寺　云泉仙馆　白云洞　三湖书院

鼎湖山
位置：广东省肇庆市境东北部
特色：负离子含量高，"天然氧气库"，广东四大名山之一
景点：姻缘树　庆云寺　宝鼎园　飞水潭

白云山
位置：广东省广州市东北部
特色：羊城八景之一、古迹胜览
景点：摩星岭　能仁寺　桃花涧　鸣春谷　云台花园　广州碑林

莲花山
位置：广州番禺区珠江口狮子洋畔
特色："莲峰观海"胜景、
景点：燕子岩　观音岩　狮子石　莲花塔　飞鹰岩　望海观音
　　　莲花古城　古采石场

丹霞山
位置：广东省韶关市
特色：丹霞山是世界"丹霞地貌"命名地，广东四大名山之一
景点：阳元石　翔尤湖　坤元山

罗浮山
位置：广东省惠州市博罗县西北境内东江之滨
特色：奇峰怪石、飞瀑名泉和洞天奇景，广东四大名山之一
景点：洞天奇景　华首寺　酥醪观　黄龙观　葛仙祠

温泉篇
地点：中山市
特色：广东省温度最高的温泉

地点：从化温泉
特色："岭南第一泉"，也是世界唯二的含氡苏打温泉之一

地点：龙门铁泉
特色：富含大量铁元素的珍稀温泉

梅岭古道

南雄坪田

珠玑古巷

斗夏山

韶关

宝晶宫

万绿湖

流溪河

河源

南昆山

梅州

龙门铁泉

白水寨

惠州

潮州

揭阳

汕头

莲花山

罗浮山

东莞

惠州西湖

汕尾

深圳

香港

珠海

澳门

瀑布篇

地点：增城白水寨

特色：瀑布落差达 428 米，是中国落差最大的瀑布

地点：德庆盘龙峡

特色：广东最大的瀑布群，同时它也是十级以上的梯级

瀑布群，整体落差达 300 米

溶洞篇

地点：肇庆七星岩

特色：被誉为"人间仙境""岭南第一奇观"

地点：英德宝晶宫

特色：有"岭南第一洞天"之称，是广东面积最大的溶洞

峡谷篇

地点：清远市

特色："漂流之乡"，有"天开清远峡，地转凝碧湾"的美誉

湖泊篇

地点：肇庆星湖

特色：湖、岩交错，点缀如星

地点：河源万绿湖

特色：华南地区最大的人工湖，因四季皆绿而得名

地点：惠州西湖

特色：被誉为"苎萝西子"

第三话 ◆ 趣味粤语

粤语，也称白话、广东话、唐话、Cantonese，至今已有两千多年的发展历史。自从秦军南下岭南以来，百越族的土语一直与中原语言相互融合，逐渐演变成今天的粤语。

音

　　粤语在秦朝出现，魏晋南北朝时成长，唐宋时期定型，元明清时已发展成一种独特方言。粤语的发音丰富多样，以六调九声：诗（si1）；史（si2）；试（si3）；时（si4）；市（si5）；事（si6）；色（sik1）；锡（sik3）；食（sik）。区别于中原汉语。

认识粤语
Cantonese Dialect
◆ 方言历史的"活化石" ◆

粤语，广东人称"白话"，外省人称"广东话"，海外华人称"唐话"，是中国七大方言之一。

粤语源自古汉语，在唐宋时分化为粤地流行的语言，明清时期走向成熟，逐步发展为现代粤语。

古代汉语有"平、上、去、入"四声，在元代之后，中原汉语不再有入声，现代汉语普通话声调变成了"阴平、阳平、上声、去声"。

然而粤语仍保留了九声，"平、上、去、入"都分阴阳，高音是阴，低音是阳，而入声还有一个中音"中入"。

扫一扫，听古仔

这句话很有意思，给记住粤音九调的朋友提供了一个形象、生动的记忆方式

阴平	阴上	阴去	阳平	阳上	阳去	阴入	中入	阳入
faan1	ke2	zoeng3	ngau4	naam5	min6	jat1	baak3	dip6
番	茄	酱	牛	腩	面	一	百	碟

古词今用

除九声外，粤语还保存了不少古音。我们熟悉的李白和杜甫的作品就有许多今天还使用的粤语字词。

扫一扫，听古仔

《玉真仙人词》
李白

玉真之仙人，时往太华峰。
清晨鸣天鼓，飙欻腾双龙。
弄电不辍手，行云本无踪。
几时入少室，王母应相逢。

《客至》
杜甫

舍南舍北皆春水，但见群鸥日日来。
花径不曾缘客扫，蓬门今始为君开。
盘飧市远无兼味，樽酒家贫只旧醅。
肯与邻翁相对饮，隔篱呼取尽馀杯。

《行路难》
李白

金樽清酒斗十千，玉盘珍羞直万钱。
停杯投箸不能食，拔剑四顾心茫然。
欲渡黄河冰塞川，将登太行雪满山。
闲来垂钓碧溪上，忽复乘舟梦日边。
行路难！行路难！多岐路，今安在？
长风破浪会有时，直挂云帆济沧海。

《将进酒·君不见》（选段）
李白

君不见，黄河之水天上来，
奔流到海不复回。
君不见，
高堂明镜悲白发，朝如青丝暮成雪。
人生得意须尽欢，莫使金樽空对月。
天生我材必有用，千金散尽还复来。
烹羊宰牛且为乐，会须一饮三百杯。

押韵同韵

虽然现代粤语并不完全等同唐朝人讲的话，但用粤语朗诵唐诗会比普通话更押韵。

扫一扫，听古仔

lau4 流

lau4 楼

《登鹳雀楼》
王之涣

白日依山尽，
黄河入海流，
欲穷千里目，
更上一层楼。

当中的"流"与"楼"，粤语里是同音，但普通话"流"读 liu，"楼"读 lou。

san1 新

zan1 真

jan4 人

wan4 匀

《丽人行》
杜甫

三月三日天气新，
长安水边多丽人，
态浓意远淑且真，
肌理细腻骨肉匀。

"新、人、真、匀"四字在粤语里皆同韵，普通话却只有三个韵脚。

外语内用

到了近代，广东开放门户。在中西交流之下，广府人也学起了"鸡肠"，并以粤语音译创出许多新词汇，现在通用译名不少是来自粤语译音的，如：

Salmon 三文鱼

cookie 曲奇

Sweden
瑞典

Canada
加拿大

粤语好盏鬼 背后有古仔

粤式俗语在生活交流上既调皮刻薄，又风趣幽默，还有很强的画面感。无论是人、动物还是植物，都可以成为调侃对象。

在粤语中与这些俗语不但接地气，也反映了广东人乐观的生活态度。

妻子给丈夫打伞的即视感：老公被伞遮住了，自然就阴凉了。其中的"阴"与"公"连一起读，即阴功。阴功是"冇阴功"的简称，引申为形容可怜、凄惨的境况。

老婆担遮 阴功

画面上表现为丈夫给妻子扇扇子，妻子会感到凉爽，其中的"妻"字与"凉"字合在一起，与凄凉的读音相同，所以也会拿来形容人的凄凉境况。

老公泼扇 凄凉

生骨大头菜 纵坏

大头菜根茎大，广府人喜用它腌咸菜，爽脆清甜，但若种不好，根茎会纤维化，俗称"生骨"。粤语"纵""种"同音，因此生骨的大头菜即种（纵）坏了，多以此形容被宠坏的小孩。

寿星公吊颈 嫌命长

盲公食汤丸 心中有数

灶君跌落镬 蒸神

普通人吃汤丸，把碗里的都吃完便是，不知道吃了多少粒，但「心水清」的盲人则每吃一粒都会记在心里，以此形容人处面装糊涂，其实心里却算得一清二楚。

寿星公是中国神话中的长寿之神，「吊颈」即上吊。寿星公要寻死，就是不想这么长寿了。在粤语中多用来评价那些做出危及生命行为的人。

灶君掌管饮食，且被供奉在厨房，若它不小心掉进锅里，画面就成了蒸煮神仙，粤语「蒸」「精」同音，因此，「蒸神」即精神。

精

死蛇

扮晒蟹

烂鳝

蟹因天生横行而被赋予霸道的性格特质，扮蟹意为装出来的霸道，即装老大，用来形容那些自以为是，自认胜人一筹的人。

死掉的蛇、鳝，软软长长的一条摊在那，扶也扶不起。引申为人懒散萎靡，不愿动的样子。例如"某某摊在沙发上，死蛇烂鳝咁，踢都踢不动"。

咸鱼翻生

鱼死了用盐腌制，可存放食用很久。要是这种鱼也能起死回生，那真叫奇迹。用以形容人奇迹般地谷底反弹，起死回生。

刀仔锯大树

小小一把刀如何锯掉大树干？从画面上就知道有多不自量力了。另外，这句话还有以小博大的意思。例如"彩票头奖五千万啊，我期期采10注，刀仔锯大树嘛"。

十月芥菜起心

芥菜在十月份会长出花芯，在粤语中俗称"起心"，有"动心"、"动情"的含意。十月芥菜形容少女情窦初开，春心荡漾。

剥光猪

剥光意指脱光，但粤语人偏偏爱说成"剥光猪"（光秃秃的猪意思跟剥光没有分别，但增加了画面感。在粤语中，这词可以当成动词去用，例如说"某某被人剥光猪啊"。

芯

百足咁多爪

百足即蜈蚣，爪即脚，一个好像蜈蚣那么多脚的人，肯定可以到处走动；也引申为此人门路多，到哪里都能找到点关系。

第四话 · 岁时节庆

广府人的节庆活动在时序安排、对具体时节的重视和活动方式上都有着浓郁的地域风情。所谓粤俗，主要是广府地区之俗，在如今的广州地区节俗中，既有对中原传统文化的传承，又有其地方的特色，如春节行花街、五月初五赛龙舟、七夕乞巧、冬大过年、中秋灯会等等。除此之外，广府人也很重视祭祀活动，波罗诞、郑仙诞、金花诞、何仙姑诞、盘古王母诞、鱼花诞、龙母诞等都是广府人尊崇的本土神仙的节日，祭祀内容多与祈求发财致富、出航平安等主题有关，反映了广东风俗文化深层结构的品格。

春节
Spring Festival
◆ 迎春接福 ◆

过年当然要开油锅做蛋散、油角、笑口枣、脆卜卜等炸物啦，炸得金黄酥脆就最好，愿我们来年的生活像滚烫的油锅一样"红红火火"，一家人油油润润、富富足足才是真。

　　春节，即农历新年，是最重要的开年节庆。在农耕社会，帝皇颁发"黄历"，百姓们则按照历法开展耕种、收割、祭祀、庆典等活动。而春节就代表冬季结束，新一年耕种开始。

　　在广东，一踏入腊月，人们就开始逛花市，买年花、盆桔、挥春等"好意头"的年货回家布置，同时开油镬（锅）炸油角蛋散，备好糖果饼饵、红包利是，迎接上门拜年的亲友。

　　农历腊月廿三晚，掌管民间灶火的灶君要回天庭向玉皇大帝禀告人间善恶。人们都希望他能多多美言，保佑自家来年平安，因此用谢灶仪式为他践行。

谢灶

廿三谢灶！

煎堆碌碌，
金银满屋！

蒸糕寓意蒸蒸日上、发财高升。
刚出炉的大发糕既是家中一个吉祥的摆
设，也是招呼客人的美味。按照风俗，
年廿五是蒸糕的日子。常见的蒸糕有年
糕、萝卜糕、马蹄糕、芋头糕、松糕、
大发糕等等。

蒸
糕

蛋散好好吃！

"年廿八，洗邋遢"。
过年前，人们要把家中打
扫干净，将一切厄运、霉
气统统扫走，迎接新年。

喵喵~

洗
邋
遢

踏入正月的几天就不再打扫了，
不然请进家门的好运也被扫出去啦！

买年货

春节前夕，家家户户都要购置寓意吉祥的年货。糖冬瓜、糖莲子、糖椰角、糖马蹄、红瓜子和各类的糖果皆是招呼亲朋好友的美食。而海味干货则是上门拜年的必备礼物。

煎堆

糖环

油角

煎堆炸物

贺年糖果

寓意团圆的糖冬瓜，寓意年年都有的糖莲藕，寓意连生贵子的糖莲子，寓意马到功成的糖马蹄，瓜子要染成红色才够喜庆

特级香花菇

野生干花胶

生晒海虾干

海味干货

金香靓蚝豉

金黄江瑶柱

连头生菜

生菜谐音生财,连头的生菜,
寓意有彩(菜)头

"砸年"就是年卅晚的时候准备葱
(聪明)、蒜(好数口)、芹菜(勤快)、
鲮鱼(年年有余)、猪手(就手)等好意
头的食物砸放在盛满的米缸上度过年初
一,祈求来年好运。

鲮鱼

鲮鱼寓意年年有余

芹菜

寓意勤勤力力(勤快)

大蒜

大蒜寓意好(会计算)口数

生葱

葱寓意聪明伶俐

米缸

年卅晚把葱、蒜、芹菜、鲮鱼、猪手等
有好意头的食物放在米缸上,祈求来年好运。

69

行花街

  花街，又叫迎春花市。相比起严寒的北方，此时广东正是春花繁盛，鲜花成了人们岁末采购的主角，除夕行花街习俗逐渐形成。

  由农历十二月廿八日至年三十深夜，花街就像个日夜不息的鲜花盛会，把迎春气氛推向高潮。

  《花市歌小序》记载："粤省藩署前，夜有花市，游人如蚁，至彻旦。"

剑兰

兰叶形如长剑，广东人认为可以挡煞避邪．

银柳

广东话"银柳"和"银镂"发音相似，寓意有钱又有房．

意头花

菊花在粤语里与"吉花"谐音，老广一般"买黄菊"谐音"旺屋"．

广东话"桔"和"吉"同音，在家布置盆桔代表来年吉祥如意．

年桔

球菊

广东人相信在家中插上一枝桃花，
新年就会走好运大展宏图；有好姻缘，
走桃花运。

桃花

对于一年四季都有瓜果鲜花，又重视意头
的广府人来说，过年用花有一套讲究。

如花形富丽堂皇的大球菊、花猫芍药；形
似剑，寓意节节上升的剑兰；能催生人缘的桃花；
与粤语"吉"同音的桔子树等都是广府人过年
家里少不了的意头年花。

百合

鸡冠花，也是传统年花，据《东京梦
华录》记载，宋朝时，以鸡冠花供祖，
风靡京城。

鸡冠花

大丽花

73

年饭意头菜

一家团聚吃饭是凝聚家族情感的重要活动，年夜饭就更加讲究了，菜式除了美味可口，还要有各种吉祥的意头。代表发财就手的发菜猪手、代表年年有余的蒸鱼、代表盆满钵满的大盆菜，都是广东人年夜饭里面的常见菜式。有趣的是广东人还会把食材里面被认为不祥的字眼替换，如"丝（尸）瓜"改成"胜瓜"、"猪肝（干）"改成"猪润"、"猪舌（蚀）"改成"猪脷"等。

蛟龙出海

金玉满堂

年年有余

红皮赤壮

金榜题名

发财就手

招财进宝

春晓报喜

恭喜发财，利是逗来

　　"初一人拜神，初二人拜人"。大年初二，家族中的长辈会给拜年的晚辈"派利是"（发红包）。

　　广东的"利是"一般为两封，以示"好事成双"，"大吉大利"，金额多少则不重要，重要的是长辈对晚辈的祝福和心意。

长长久久

甜甜蜜蜜

哈哈常笑

盆满钵满

年年如是　新年计划

家肥屋润

春

发过猪头

福

大吉大利

大鱼大肉

初一 拜年
宜 拜年 穿新衣
忌 扫地 洗头

初二 开年
宜 买裤（富）
忌 请食无情鸡

初三 赤口
宜 见人就赞
忌 大动肝火

初四 接灶君
宜 运动甩肉
忌 睡懒觉 手机控

初五 迎财神
宜 买裤 逗利是
忌 买书 买鞋

初五 迎财神
宜 打扫清洗
忌 污糟邋遢

初六 送穷

初七 人日
宜 吃红鸡蛋 踏春
忌 做宅男宅女

初八 拜太岁

初九至十四
宜 开工 做新计划
忌 吃太多

九忌
百禁

宜 万事皆宜

吉星高照

元宵节

Lantern Festival

◆ 团团圆圆 ◆

元宵节又叫"上元节"，中国的"元节"分为上、中、下三元，上元节（元宵节）、中元节（盂兰盆节）、下元节（水官节），分别代表了一年中三个重要的月圆之夜。在广东地区，元宵节大多在正月十五前后。

赏花灯，猜灯谜

　　正月就是元月，夜也叫宵，古人把一年的第一个月圆之夜（上元）定为节日，在这一夜燃灯、赏月、吃汤圆。《武林旧事》记载：元宵佳节，帝城不夜。春宵赏灯之会，百戏杂陈。"

　　广州以"越秀灯会"和"文化公园元宵灯会"最为盛大，广州花都、白云等地还保留了投灯、摆灯酒、猜灯谜的习俗。去年添丁的人家，会在正月十三到十五期间到祠堂或土地庙挂上一盏花灯，然后摆灯酒宴请客人，感谢上天赐予的福气。

照片提供：卢洁莹

各路花灯有段古

在广东，不同地区的人们会根据当地的文化习俗对花灯进行改良，如以慈姑做装饰的乐安花灯、展现顺德鱼乡特色的大良鱼灯、寓意添丁接福的洪梅花灯等等，正是因为有了这些丰富的地域特色，广式花灯才会更加绚丽多彩。

花灯上也饰有慈姑，广东人以慈姑的形象代表男丁

乐安花灯

大良鱼灯

广东乐安的花灯起源于明末清初，至今已三百多年。"观音送子莲花灯"是它的亮点，当地人谓"生仔灯"。祈求来年能得男丁。

莲花灯造型优美，颜色鲜艳，使用竹篾做框，以丝绸、色纸、花边、彩穗等材料扎作而成，花灯底部还挂上莲藕的形象，象征"流连富贵代代传"。

鱼灯见于广东沿海地区的习俗。古时候海盗肆虐，相传有神鱼助人击溃海盗，便有了舞鱼灯的习俗。鱼灯也象征沿海地带渔民的丰收。

顺德大良的鱼灯由佛山秋色变化而来，形态逼真，常见有火鲤、鳜鱼、鲈鱼、石斑、鲫鱼、鲮鱼、狮子鱼等。

手工剪纸的纸帛

各种款式的洪梅花灯

洪梅花灯

意的年画 附有寓

东莞洪梅花灯起源于明末清初，喜用各种精美年画装饰，有天姬送子、寿比南山、麟送状元等传统典故。寓意家族人丁兴旺，前途光明。

赏灯好去处

广州花灯
地址: 广州市越秀区越秀公园
介绍: 广州市最大的花灯展。

佛山千灯湖
地址: 佛山市千灯湖
介绍: 千灯湖内总计有1300余盏景观灯。

洪梅花灯
地址: 东莞市洪梅镇
介绍: 洪梅花灯由来已久,是东莞市现存极具岭南传统特色的民间手工艺品之一。

大良鱼灯
地址: 佛山市大良镇
介绍: 大良鱼灯是一种富有水乡特色的扎作工艺,是佛山秋色的一个重要分支。

六双花灯
地址: 茂名信宜市
介绍: 广府文化、高凉文化、壮瑶文化的结合体。

乐安花灯
地址: 佛山市南海区
介绍: 以"观音送子莲花灯"为特色的传统灯会。

翻屋企,吃汤圆

赏花灯过后,人们会去吃汤圆,寓意家庭美满,团团圆圆。但南北方对汤圆的做法却大有不同。北方讲究的 "摇元宵"是把馅心沾水入馅后的糯米团重复搓滚,体积较大。而南方讲究的"包汤圆"则类似于包饺子的手法,用的是糯米粉面团和绵软的馅料。

在老广心目中，食埋汤圆先叫过完年，一碗团团圆圆的汤圆，为新春画上完美的句号。

83

广府庙会
Yuexiu Temple Fair

◆ 广府庙会，幸福相约 ◆

　　广府庙会于元宵节在广州都城隍庙前举行。都城隍庙建立于明朝洪武年间，是岭南地区级别最高的城隍庙，同一级别的城隍庙全国只有六座。城隍爷既是城池的守护神，也是阴阳两界的判官。在百姓心目中占据着重要的地位。

照片提供：广府庙会组委会

文化巡演

2010 年，曾经关闭多年的广州都城隍庙完成重修，对外开放。广府庙会也在 2011 年正月十五启动，它以非物质文化遗产为主题，融入了城隍文化、广府美食、巡演巡游、公益项目等，全方位诠释和宣传广府文化。成为广东人必须参与的新庆典。

巡游表演一直是庙会的重头戏，醒狮、飘色等民俗表演全汇聚于此，还有别具一格的南越王卫队表演，以王者气势，为巡游开路。

广东饶平布马舞　　照片提供：广府庙会组委会

广东飘色

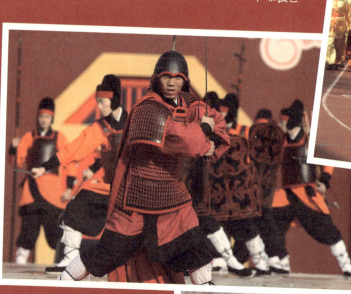

都城隍庙在南越王宫遗址旁，每年庙会，气势非凡的南越王卫队都会率先开路

广州五羊仙人的传说

每年广府庙会均在北京路设非物质文化遗产展示区和创意市集，还安排非遗项目传承人或艺人与市民互动，让市民能亲手参与作品制作，对传统手工技艺感兴趣的市民可以在现场观摩学习。

老廣新遊

老廣新遊

大器風

非遗集市

老廣新遊

照片提供：广府庙会组委会

行通济

Walk Through Tongji Bridge

◆ 行通济，无闭翳 ◆

俗话有"行通济，无闭翳"。"通济"指的是位于佛山市的通济桥，"通济"二字本身也有"通而后有济"的意思。因此，佛山人认为行过通济桥，来年就事事顺利。每年正月十六，家家户户提着风车、灯笼、风铃、生菜等寓意吉祥的物件，浩浩荡荡行过通济桥。

通济桥建于明朝天启年间，是佛山第一座大木桥。它横跨佛山涌，北连金鱼街，旧时佛山人出外谋生，总要经过这座桥。再加上两岸设有南济观音庙和社坛，行通济就成为佛山人重要的祈福习俗。

年例
Annual Worship
◆ 年年有例 ◆

鬼仔戏

探索精彩戏码背后的秘密

许多观戏顽童儿时有翻开花布，

照片提供：冯 毅

手托木偶戏

打醮仪式

92

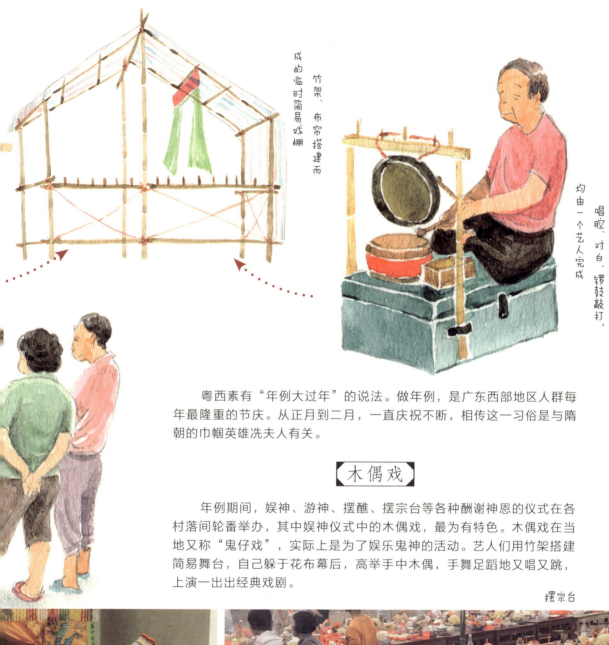

竹架、布帘搭建而成的临时简易戏棚

均由一个艺人完成

唱腔、对白、锣鼓敲打，

粤西素有"年例大过年"的说法。做年例，是广东西部地区人群每年最隆重的节庆。从正月到二月，一直庆祝不断，相传这一习俗是与隋朝的巾帼英雄冼夫人有关。

木偶戏

年例期间，娱神、游神、摆醮、摆宗台等各种酬谢神恩的仪式在各村落间轮番举办，其中娱神仪式中的木偶戏，最为有特色。木偶戏在当地又称"鬼仔戏"，实际上是为了娱乐鬼神的活动。艺人们用竹架搭建简易舞台，自己躲于花布幕后，高举手中木偶，手舞足蹈地又唱又跳，上演一出出经典戏剧。

摆宗台

摆宗台

粤西地区的年例节，没有固定日期，从正月到二月，陆续有不同的村落在庆祝。人们为了向神灵祈求来年风调雨顺、五谷丰登。在年例期间会以"摆宗台"形式招待神仙。数百张桌子齐集村中空地，各式贡品美食铺满桌面、香火蜡烛烧烟四起，场面壮观。

道士驱鬼用的黑色令旗

塔楼楼上的图案是艺人手绘出来，再剪出造型，粘贴上去

运用于船上作法，将鬼怪困于船内，随后火烧化去道士作法，将鬼怪及厄

花龙船

年例的高潮，当属"花龙船"出游。人们用竹子编搭成架，用彩纸制作成黑龙船，船上有五彩纸塔和纸人，缤纷艳丽地抬着出行。道士会作法，请神仙把妖魔鬼怪抓到纸船上，并送到村外的河边烧掉，祈求瘟疫不要靠近村落。

摆宗台

游船结束后，村民们会分享花船上的绢花。传说，得到绢花的人有好运

白花代表生仔，
红花代表生女，
黄花代表财运

纸扎的引路人

摸一下鱼眼会带来幸运哦

花龙船

船轿是花船的底座，人们用它抬着花船巡游

村民一批批前来祭拜的贡品

95

清明节

Qing Ming

◆ 烧猪祭祖 ◆

清明祭祖于中国人有特殊意义。而在广府
地区，清明习俗亦演绎出独特的一面。

拜　山

"拜山"是广府人对拜祭先人的俗称。旧时人死后讲求入土为安，先人入葬山坟，故清明要拜山。随着城市发展和丧葬文化演变，现在的骨灰多放在龛位供奉，子孙在清明节去墓园祭祀，很少有上山拜祭。

发糕

烧肉

乳猪

青皮蔗

鸡

清明贡品

烧猪、水果、纸钱元宝、发糕面点是广府地区清明祭品的四大件：脆皮金猪，寓意子孙红皮赤壮、宏图大展；苹果与甘蔗是标配，寓意平平安安、甜甜蜜蜜；纸钱元宝与时俱进，经典款有香烛冥币，特别版有别墅豪车等；发糕面点越发越高，寓意人财两旺。"太公分猪肉""清明食荞""食蔗要食到尾"都是反映清明"食"俗的广府俚语。

金银衣纸

鲜花

香烛

酒水

端午节
Dragon Boat Festival
◆ 风情万粽 ◆

旧时的龙角是用名贵的鹿角制作而成

点睛仪式后，龙舟就算"苏醒"了

龙头和龙尾是可以拆卸的，起龙仪式后，安放在龙舟上。

　　《风土记》云："仲夏端午，端，初也。"端午原是月初午日的仪式，后因"五""午"同音，农历五月初五成为端午节。端午节又名重五、重午，"五"为阳数，又名端阳。

龙舟仪式

起龙

采青

开光

睇龙船

早在百越时期，常受风浪、"水怪"威胁的广府人已把船制成龙的式样，以驱怪避凶。后发展出端午节"扒龙船（划龙舟）"的习俗，作为祭祀水神的一种仪典。广府人用密度较大的坤甸木打造又窄又长的船身，平时藏于河底淤泥中，能妥善保存数十年乃至数百年。如今为了竞速比赛，多改用较轻的杉木造较短的龙船，存放方式也依杉木特性改为悬挂。

牌匾上写有龙船的名字和村名

供奉在宗祠里的龙头龙尾

照片提供：车陂龙舟文化促进会

赛龙

藏龙

散龙

龙船飞柬

散发着墨香的龙船飞柬虽与现代通讯格格不入，但那一帖红纸黑字，始终传递着人与人的质朴情谊。如今车陂村还保留用写、派龙船飞柬的方式，邀请兄弟村、老表村、友好邻村前来划龙舟的传统。

写"飞柬"并不难，写明活动时间地点，最后以祠堂堂号作为落款即成。

收柬人，则要递上回柬表示参加"应景"，写："谢 敬领 xx祠堂同仁鞠躬"，字里行间古意盎然。

待到农历五月初三"招景日"，龙船飞柬会贴到祠堂门前，整一墙充满着红通通的喜庆。

龙船柬

谢 敬领 xx村同仁鞠躬

诚邀 贵村飞龙端午节 期间光临 xx村同仁敬约

龙船飞柬

鞭炮

神龛 村民把写好的"净水符"贴在船上供奉的神龛

青绿的禾苗 再在龙船头尾各放一束 拜一下，上个香

禾青 在龙头、龙尾的位置，选取最壮的禾苗，供放

锦旗

勝

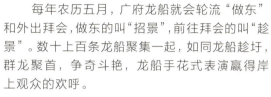

龙船趁景

　　每年农历五月，广府龙船就会轮流"做东"和外出拜会，做东的叫"招景"，前往拜会的叫"趁景"。数十上百条龙船聚集一起，如同龙船趁圩，群龙聚首，争奇斗艳，龙船手花式表演赢得岸上观众的欢呼。

照片提供：车陂龙舟文化促进会

才能打明鼓，放鞭炮

等采青上船后，

罗伞

船桨

供奉在各大宗祠

龙尾

在龙船上是竞争的对手，在餐桌上是同饮的老友

旧时代的龙船饭，女人不能坐上席。今天的龙船饭，男女老少不拘一格，共聚一堂

龙船饭

清代屈大均在《广东新语》中描述："岁五六月间斗龙船。凡出龙船之所曰埠。斗得全胜还埠，则广召亲朋燕饮，其埠必年丰人乐，贸易以饶云。"这便是赛龙舟后的"龙船饭"。

龙船饭热闹亲民，村里聘请多名烹饪高手煮"大镬饭"，菜式多以鸡、鸭、鹅、鱼、猪等家常菜为主，并不以珍贵的食材攀比。村中空地筵开数百席，坐满一围就可以开饭了，叔伯兄弟欢聚一堂，喝酒吃肉，乐也融融。

旧时的龙船饭不食海鲜，因为人们认为虾兵蟹将可以帮助龙船夺冠，今日人们则不那么讲究了，鱼虾蟹照吃也可，更有"盘龙鳝"等意头菜式。

龙船饭

龙船饼

　　龙船饼能迅速补充体力，而且饼不易变质。
　　此外，只要有龙船前来"趁景"，村中长老都会敲起铜锣，热情招呼他们靠岸吃龙船饼。龙舟饭是扒龙舟前吃的饭，材料用糯米加上腊肉丁、虾米、墨鱼丁、香菇粒做成，非常"顶饱"，能让人划船的时候更有力气。

龙船饼

盘龙鳝

龙船丁

风情万粽

每个节日都是老广嗜食基因大爆发的时刻。馅料五花八门、或咸或甜的糯米粽统称为"五月粽",是端午热门小食。

粽叶

豆

五花肉

包粽材料

瑶柱

冬菇

花生

糯米

咸蛋黄

柊叶,叶似芭蕉,极阔大。能防腐,是最佳粽叶。《南方草木状》记载:"南方地热,物易腐败,惟柊叶藏之,乃可持久。"

箬竹在中国南方广泛分布,是常用的包粽子材料。箬竹叶自带清香,剥开粽叶,糯米嫩滑、粽香四溢。

柊叶

箬叶

肇庆裹蒸粽

包出来是这样

箬叶粽

包出来是这样

馅料风味

咸肉粽

豆沙粽

白砂糖

枧水粽

 咸

广式咸肉粽馅料主要是腌制好的五花肉、咸蛋黄、绿豆红豆为辅。五花肉的油浸入糯米，肉香和糯米香完美融合。升级版本还会放入花生、香菇、板栗、叉烧等配料。

甜

枧水粽用"枧沙"制作，"枧沙"是由从化山区名为"鸭脚木"的野生植物之叶，经加工得出的咖啡色结晶物。按分量开好枧水泡浸糯米，做成的粽子金黄透明，吃时蘸以白糖或蜜糖，别有风味；也有枧水粽加入莲蓉或豆沙作馅。

在蕉树广种的广府水乡，渔民砍剥大蕉的蕉叶以一开四，以梗做绳，便可包扎端午粽。

中山郊野多芦兜，古时人们用其叶裹粽。包一个芦兜粽只用一片芦兜叶子，单个重量可达三四斤，粗若手臂。

恩平人裹粽，从深山采摘粽叶，用野生鹅古做裹粽绳。他们把鹅古割回来用针去刺，再撕成细条，晒干后，放入锅中煲至柔软坚韧，再漂洗干净使用。这样的裹粽有独特香味。

芭蕉叶

蕉叶粽

包出来是这样

芦兜叶

去刺后的芦兜叶

中山芦兜粽

包出来是这样

恩平裹粽

乞巧节
Double Seventh Festival
◆ 七夕得巧 ◆

　　传说农历七月初七是牛郎织女相会之时，称为"七夕"，而凡间妇女也向织女乞求智慧、巧艺与美满姻缘，所以又称"乞巧"。
　　广州是目前国内乞巧习俗保留最完整且特色最鲜明的地方，涵盖摆巧、拜仙、乞巧、吃七娘饭、看七娘戏等诸多内容，形成芝麻香、鹊桥景观、七娘盆、七夕公仔等传统工艺作品。

姐，心灵手巧的资深"巧姐"在制作节日用的摆巧。

把七支针插在莲藕上，女孩对着月光穿针练眼力，努力成为合格的"巧姐"

108

潘氏宗祠

雲漢秋高半月明　　霞明一縣笨　　魚化三珠水　　天衢夜永雙星

109

七姐盆

乞巧习俗

摆七娘：陈列摆设乞巧艺人的手工作品。

拜七娘：焚香点烛，遥对星空跪拜，随后，巧娘手执彩线对灯影，穿针，能一下子穿过七枚针孔的人就叫"得巧"。

送七娘：七月初八，焚烧贡品，恭送七娘。

广州天河区珠村，还保留着相对完整的乞巧习俗。

斋塔

斋塔是祭拜七姐的贡品，由红枣、花生、红豆、绿豆、谷粒等斋物粘成，形状犹如一座精致的宝塔，寓意五谷丰登、风调雨顺。

米粒做花，珠片做瓜果。

微缩花篮

范菇、茭笋、菱角、花生、马蹄、
莲藕的小模型。

珠片绣花鞋

摆七娘

七夕鹊桥之会

宝鸭穿莲

广州珠村七夕摆巧

七月半
Hungry Ghost Festival
◆ 盂兰胜会 ◆

广府人的盂兰胜会，戏棚内演出着广东大戏，常见的例戏包括《八仙贺寿》《跳加官》《仙姬送子》等寓意吉祥的剧目

　　相传农历七月，是全年阴气最重的月份，相传鬼门关会在这天打开……

　　但其实，在远古的农业社会，七月半正好是初秋丰收时节，人们用新收成的粮食做祭祀活动，以感谢祖先神灵的庇佑。后又与各种信仰结合，发展成了道教的"中元节"、佛教的"盂兰盆节"和民间的"鬼节"。

　　道教素有"上、中、下三元"之说，农历七月十五日就是中元节，是地官清虚大帝大赦鬼魂的节日。

　　佛教称七月半为"盂兰盆会"，"盂兰"是梵文，意思是"救倒悬，解痛苦"。相传佛陀的弟子目连，得知自己的已故母亲在"饿鬼道"中受苦，便请求佛陀解救。佛陀就把僧人的"自省日"改为超度受苦鬼魂的法会。

　　而民间俗称的"鬼节"，是受各种宗教影响，认为七月半这段时间游魂野鬼都在人间游荡，除了为已故亲人"烧衣"之外，人们也会尽量不在夜间出行，以免冲撞阴气。

盂兰胜会

　　这个与阴间鬼魂相关的日子在香港却是一个热闹非凡，充满民间风俗的节日。各地居民，各村村民在空地、球场、广场搭竹棚，立花牌，设神案，祭大士，演大戏，办斋宴……这就是盂兰胜会。

　　盂兰胜会的传统是由潮汕人在上世纪五十年代带到香港，已延续逾半个世纪，后陆续被香港的广府人、客家人等接纳改良，形成风俗各异的盂兰胜会。

大士王

孟兰胜会一定不能少的就是一尊巨大的纸扎神像——大士王。大士王又俗称"鬼王"。是阴间诸鬼统帅，也负责在七月半管理鬼魂，合理分配鬼魂的领受的香火纸钱。所以人们在拜祭先人之前一定要拜过这位"大士王"。

所谓各处乡村各处例，大士王也是因各种不同文化需求变化出不同的样子。有青面獠牙的潮汕式大士王，也有长着犄角的海陆丰式大士王，更有肚子圆鼓鼓，脸如猴子样的广府式大士王。

纸扎的大士王被供奉在一个临时棚架内，称为"大士台"，一边设有可供人们祭拜自家祖先的"附荐台"，另一边则祭祀无主孤魂的"孤魂台"。

大士王身边供奉着精美的七彩纸扎品，有黑白无常、鬼卒、房屋等，孟兰胜会结束时，会随大士王一起化去

黑白无常

广府式大士王不仅不可怕，甚至还有些可爱。他有傻猴子一样的戏剧脸谱，圆滚滚的肚子上面还有一只小观音，寓意他是观音大士的化身

广府式大士王

潮汕式大士王

潮汕式大士王是一副威武严明的大将军形象。青面獠牙，一看就知道他很能震慑鬼神

合境平安

中秋节
Mid-Autumn Festival
◆ 望月思故人 ◆

　　中秋佳节，小朋友提着碌柚灯在街上踏歌而行，大人们忙着挂起串串灯笼……广府人称中秋节为"月光诞"，把月圆视作团圆的象征，围绕月亮衍生出赏月、拜月、食月等一系列风俗活动。

　　很多风俗习惯由于过程繁杂，慢慢被人们简化甚至遗忘，但广府人家依然乐此不疲，享受着中秋节各种温馨、甜蜜的时光。

一家大小在天台赏月过中秋节是广州人的集体回忆。

赏月

舞火龙

拜月

中秋玩乐

　　广式中秋夜从一顿团圆饭开始，饭后，一家人登上高处赏月，摆出香烛供品祭拜月娘。街巷里张灯结彩，悬挂着动物、花卉、瓜果等各色灯饰。正值瓜果飘香的丰收季节，士多店堆满了柚子、田螺、芋头等时令风物。小朋友们提着灯笼走街串巷，处处洋溢着欢乐祥和的节日氛围。

拜月：话逢丰收季节，拜祭月娘的供品丰富多样。

舞火龙：草扎的龙身上插满点燃的香火，能照亮整个村庄。

玩灯笼：中秋晚上，小朋友会提着灯笼在户外赏月。

除了大家熟知的食月饼、赏灯笼，广州白云、清远连州与香港大坑等地，保留着中秋夜舞火龙习俗。"火龙"是用榕树枝叶扎成的青龙，长约三四丈，插满点着的香烛。数十个后生仔舞动火龙，从祠堂出发，绕村巡游，所到之处流光溢彩。众人争相拜龙，以祈求趋吉避凶、风调雨顺。

玩灯笼

扎花灯

赏月：亲戚朋友齐聚在户外欣赏又大又圆的月亮。

吃月饼：一家人分吃月饼，切开还能看见两个"月亮"。

扎花灯：手工艺人能扎出金鱼、兔子等不同形状的花灯。

豆沙月

广式月饼

双黄红莲蓉月

双黄白莲蓉月

五仁月

食碌柚

炒田螺

煮芋头

剥菱角

品味中秋

　　广式月饼是广府地区最具代表性的中秋应节食品，因皮薄松软、口感细滑而备受喜爱，在海内外广为流传。广式月饼品类繁多，以蛋黄白莲蓉月、蛋黄红莲蓉月、五仁月、豆沙月最为经典。中秋时节，各种时令风物也相继上市，田螺、芋头、菱角、柚子……既是广府人味蕾上的独特记忆，又寄托着美好的寓意。

　　田螺是广州家庭的中秋美食，炒田螺，肥美明目。一家人聚一起，拿着田螺，对月一举，再送到嘴边一啜，滋味无穷。

　　芋头是多子生物，象征母子团圆。此外，"芋头"与"护头"谐音，辟邪消灾。中秋节煮芋头寓意合家团圆。

　　菱角代表"聪明伶俐"，如果家里有小孩，中秋节就剥菱角啦。

　　碌柚外形浑圆，象征团圆。同时，"柚"与"佑"谐音，寄寓月亮护佑的美好意愿。"越碌越柚（有）"，有滚利发财的寓意，广东人称"柚子"为"碌柚"，中秋当季水果，应时应节。

小朋友的中秋乐趣莫过于玩灯笼。广府地区流行的传统手扎灯笼，造型多为莲藕、荷花、杨桃等常见的岭南风物，以及兔子、金鱼等动物，形象生动可爱，又具有吉祥喜庆的意义。

"耍碌仔"是过去流行的玩灯笼方式，取出碌柚的果肉，在柚皮上刻通花图案，中间点上蜡烛，制成"碌柚灯"。碌柚灯的造型往往由柚皮的完整度决定，技术高超者只需在碌柚上方约三分之一处切开，即可掏出果肉，获得一个完整的碌柚壳。小朋友提着碌柚灯上街游玩，互相比较着各自的灯笼，其乐融融。

手扎灯笼

耍碌仔

重阳节

Double Ninth Festival

◆ 登高望远 ◆

九九重阳，广府素有登高、扫墓传统，又因九是最大单个数字且与"久"同音，故重阳亦有敬老爱老、安康长寿之意。

旧时广府人会在纸鹞上写"一年不祥"等字样，将纸鹞升起事，此日尽消除"等字样，将纸鹞升起事，待断线，任它飞去，寓意灾厄随清除。

登 高

虽说广州没有名山大川，但这丝毫不妨碍广州人热爱重阳登高，正所谓"山不在高，有仙则灵"，广州白云山、帽峰山、天堂顶均为重阳登高热点。

秋祭
Autumn Festival
◆ 悦动秋色 ◆

　　秋祭是广东佛山特有的民俗节日。千百年来，每逢秋季农业丰收之时，佛山人便开始在佛山祖庙举行秋祭。活动当天除了有仪仗入场、上祭品、敬香、切烧猪等传统重阳节祭祖习俗以外，还有国家级非遗项目——佛山秋色看哦！

佛山秋色

　　作为秋祭之后的大型巡游表演，佛山秋色具有严格的形式和内容，包括表演艺术和手工艺术两大类。表演艺术上以车色、马色、飘色、地色、水色、灯色、景色等七色来体现各种巡游元素；手工艺术上则体现在秋色扎作、秋色批销、秋色针刻、秋色纸扑、秋色黏贴、秋色雕塑上。

醒狮

色秋山佛

菊会
Chrysanthemum Fair
◆ 菊花盛会 ◆

　　位于珠三角中南部的中山小榄，每年深秋时节便会举办大型菊会。中山小榄的赏菊文化由来已久，最早可追溯到七百多年前，宋末元初时期。那时候中原战乱，人们纷纷避难南迁，途经中山小榄，时值金秋，却见这里土地肥沃，气候温和，黄菊遍野，于是就在小榄垦荒定居下来了。这批南迁来的人们，将中原人对菊花的偏爱之情和菊文化带到了小榄，自此，小榄人便与菊花结下不解之缘。

　　小榄爱菊、艺菊、斗菊、赏菊，清代小榄人已常举办各种菊会，这一习俗一直延续到了今天。每年十一月的小雪时节，盛大的菊会在小榄如期举行，这是一场以菊花为主题的嘉年华。

　　菊会中的一大特色是艺菊，菊艺师用菊花做出各种奇妙的盆景。有花团锦簇的大立菊，有高耸数米的菊花塔，有瀑布飞落似的菊花墙，也有威猛神兽样的造型菊……

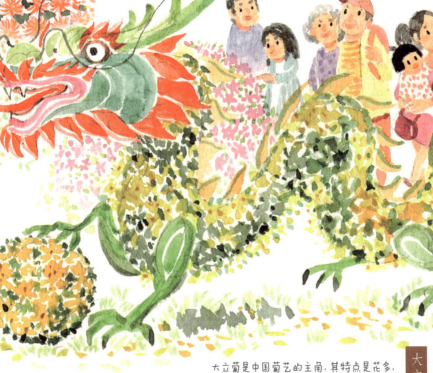

大立菊是中国菊艺的主角，其特点是花多，花朵大小整齐，花期一致，富丽堂皇

菊塔

立菊组成塔型，工艺繁复高耸的菊花塔，由数个

菊艺师只需用细长的竹枝和铁丝，就能创造出千变万化的菊花景观

竹枝

铁丝

俯视图

侧面图

竹枝和铁丝扎成框架，一花一竹，层层叠叠，形成整座立菊有百朵乃至数千朵的巨型盆景

菊花食

小榄人对菊花的喜爱已经不限于赏菊艺菊了，他们有着广东人独有的吃货气质，把菊花也作为食材，创造出各式菊花美食。

在吃这件事上，讲究的小榄人并不是随便什么菊花都吃，他们培育出一种清甜无涩味的菊花，专供餐桌上食用的。

白糖 ＋ 菊花糠

菊花糠

说起菊花美食，就不得不提菊花糠。菊花糠，是制作菊花美食的重要材料。

小榄盛产的黄地菊特别香，清甜没有苦涩味。摘取新鲜饱满的地菊，去掉带苦涩味的花蕊，取花瓣风干。干花瓣伴着白糖，放在锅里熬制。待冷却后，菊花与糖浆凝固，以铲压碎，成为花瓣碎，小榄人称之为"菊花糠"。这是一种能让食物增添天然花香和甜味的佐料。

"黄白莲""紫凤牡丹"，都是可以新鲜食用的菊花

秘制的肥猪肉

菊花肉

菊花肉是中山的传统名菜。肉是全肥的肥猪肉，切成小薄块，用糖腌制至半透明，浇上糖浆，最后蘸满半鲜半干的菊花糠就完成了。吃起来，肥肉不觉腻，甜丝丝，满口花香，风味独特。经过包装处理的菊花肉还成为了小榄的名手信呢！

菊花鱼球

中山盛产鲮鱼，用鲜美的鲮鱼肉和清香的菊花瓣搅拌至起胶，挤成肉丸，下油锅炸至金黄色，再铺上新鲜菊花瓣同吃，是一道充满南国风味的菜肴。

鲮鱼肉

鲮鱼胶

起鱼肉打胶，加入菊花瓣、腊肉等配料做成鱼球

菊花水榄

菊花水榄是中山的特色甜品。水榄其实就是汤圆，但因为形状长长的像橄榄，浸泡在汤水里，故称"水榄"。传统的"水榄"以红豆沙或麻蓉为馅料，有的还加点菊花肉在里面。水榄盛到碗内，撒上一撮金黄的菊花糠，软糯香甜，清新不俗。

红豆沙 ＋ 菊花糠

冬至

Winter Solstice Festival

◆ 冬大过年 ◆

在广府人眼里，"冬大过年"，因为在农耕社会，要在冬至安排农事生计，例如"冬至出日头，过年冻死牛""干冬湿年"等，就是根据冬至推测过年时的天气状况。人们在冬至吃好喝好就当是祈求风调雨顺，进而演变为重要节日。

打边炉

旧时，人们过冬至会敬神、拜祖先，现在简化了，一家人"打边炉"、吃团年饭，就当做节了

腊味饭

腊味饭是冬至经典美食，用砂煲煮饭，也叫"煲仔饭"。煲仔饭做法简便，米香中带着肉香，这种特有饭味令人食欲大增。广州的街头随处都有煲仔饭铺，香气四溢。

禾谷醮
Cereals Festival
◆ 罗定醮会 ◆

天烛灯

醮会前一天，社坛前以竹竿挂起有盖帽的风灯，是为「天烛灯」，指引游魂野鬼前来享祭

醮是古代的祀神祭礼，举办大型醮会要搭大棚和戏台、点天烛灯等。醮会内容包括有扮饰巡游、沿途歌舞、祭神、跳禾楼、演社戏、抢花炮、上刀山、舞狮子、舞龙等多种传统艺术活动。醮会期间，家家杀鸡祭神，款待亲朋。

每年秋收后的禾谷醮在罗定已有500多年历史，每当醮会，乡亲们都欢聚一堂，齐齐"做醮"。

生糯米

小寒
LESSER COLD
◆ 糯意绵绵 ◆

俗语云："小寒大寒，无风自寒。"小寒、大寒吃糯米饭御寒，是广府传统。糯米有补气、散湿、驱寒的功效，坚信"药食同源"又追求香味和口感的广府人更拌入腊味、虾米、干鱿鱼、冬菇等煮成香喷喷的糯米饭，既暖胃、又滋补。

芫茜

葱

花生

冬菇

虾米

把拌料切丁

拌料丰富，有广式腊味、冬菇、虾米等食材

腊味

生炒糯米饭补中益气，尤其适于产后调理，治疗产后贫血

生炒糯米饭

第五话 ◆ 民间信仰

　　广府人有一句俗话"举头三尺有神明"，从北帝、龙母到何仙姑、黄大仙，再到关帝、葛仙……天上地下，三教九流，几乎无所不揽。从表面上看，好似一道过分丰盛的大杂烩，其实，这种"泛灵信仰"包含了老广对生活无常的忧虑。更多时候，广府人拜神只为求个心安，所谓"拜得神多自有神庇佑"。

广府之神

Genie Of Canton

◆ 广府之地，满天神佛 ◆

以鬼神为主的民俗信仰源于远古，广东人在山海之间这片独有天地里，既保留了一系列俗神，又塑造了自己的神，更不断更新外来神，从而形成"满天神佛"的信仰体系。于是，深受信仰影响而形成和演变的民间风俗就跟着丰富起来：

例如俗神系列里，岭南专属的五谷神信仰就为广东广州留下了地标五羊雕像、五仙观，拜祭五谷神则成为别树一帜的广府习俗；

又如以"生前有功于人，死后为神"作准则的造神系列中，古越族首领冼夫人因致力民族团结和平息南方战乱而被称"岭南圣母"，她既记录了岭南历史，也荫护着岭南后代的繁衍；

此外，对众多"普及级别"的神仙，广东人还会用自己的拜祭仪轨将其本土化……

总之，一句"入屋叫人，入庙拜神"可谓尽显广府传统文化之精髓。

属性：土

司掌：土地农业

法宝：五谷种子

坐骑：五羊

技能：保五谷丰登

边度睇：五仙观

周夷王时，南海有五仙人，衣各一色，所骑羊亦各一色，来集楚庭，各以谷穗一茎六出，留与州人，且祝曰，愿此地永无荒饥。

——摘于《广东新语》

相传很久以前，广东还是一片荒芜之地，土地贫瘠，农业发展不起来，住在这里的人们只好在山林里挖野菜、剥树皮充饥。

这时，在广东南海，出现了五位身穿红、橙、黄、绿、紫五色彩衣的仙人，他们骑着五色仙羊，手持一茎六出的谷穗，降临在广州，把谷穗送给了当地的人们，并祝愿此地永无饥荒，然后又飘然离去。人们把谷种撒向大地，荒芜的土地长出了金黄的谷穗。南粤大地从此风调雨顺，五谷丰登。

为了感激这五位仙人的恩泽，人们便在仙人们降临的地方修建了一座"五仙观"，把仙人们称为"五谷神"。而仙人们当年骑着的五只仙羊则化成了石像留在了广州的山坡上（今越秀公园西侧），守护这片土地的安宁。从此，广州便有了"羊城"与"穗城"的称谓。

五仙观

祭祀五谷神的五仙观建于明洪武十年（1377年），位于现广州市越秀区惠福西路。

五谷神

土地公

土神，俗称"土地公"，兼管阴阳二界，是一方土地的守护神。其职位虽卑，却最贴近百姓生活，备受广府人家敬重。

农历二月初二为土地公生日，俗称"伯公诞"，可见大家对他有多亲近！广府旧俗会在这天进行拜祭。现在仍有不少人在家中供奉土地公，以求祈福避灾。

属性：土

坐骑：无

司掌：乡里户籍

技能：保平安，添丁进口

法宝：拐杖

边度睇：各地土地庙

城隍爷

城隍（爷）是民间信奉的城池守护神，也被视作监察当地官吏功过是非的正义之神。广府城隍庙始建于明洪武三年（1370年），清雍正时期升级为管辖全省的都城隍庙，盛极一时。现位于广州忠佑大街。

古代的城隍庙是慈善机构，经常派发生活必需品；亦是民间法院，为民众排解纠纷；同时也是大剧院，演绎忠孝节义的传统故事；此外还是穷苦人家的救济所。

现在的广府庙会，也会请城隍爷出来巡游。农历七月廿四为广州都城隍的诞辰，古人会以打地气（在城隍诞前一晚到庙里，通宵坐卧，以吸取庙里的地气，以求家宅平安）、演神功戏等方式庆祝。

属性：土

坐骑：无

司掌：人民

技能：保社稷，严明纲纪

法宝：功过簿、判官笔

边度睇：都城隍庙

南海神

南海神，是中国"四大海神"之首 。他其实就是我们常说的火神——洪圣王祝融。因在五行理论里，南方属火，南海也就顺势归入祝融的势力范围了。南海神最初只是保护海上通航的自然神，后在官方行为下演变为多功能神，皇族、民间各有所祈。

属性：水、火

坐骑：无

司掌：南海，火

技能：荡魔灭妖，护持正道

法宝：水、火

边度睇：南海神庙

波罗粽用芭蕉叶包扎实。普通端午粽切开就散，但波罗粽可以切片吃。旧有风俗，买了波罗粽，要挂一个在小孩脖子上，寓意丰衣足食

蕉叶包好粽后，放在铁锅或大缸大瓮里，用木柴明火蒸煮八小时，使馅料融为一体

波罗蜜

波罗蜜是波罗树的果实，是古时舶来的品种

买波罗鸡是"游波罗"的指定动作。这波罗鸡不是菠萝炒鸡，而是一种乡土味浓郁的工艺品，它用元宝纸、鸡毛、泥土、稻秆等粘制而成。因而有"波罗鸡——靠黐"（"黐"与"粘"同义，在粤语中也有"占人便宜"之意）的"盏鬼"说法。

鸡毛

糨糊

波罗鸡

元宝纸

泥土

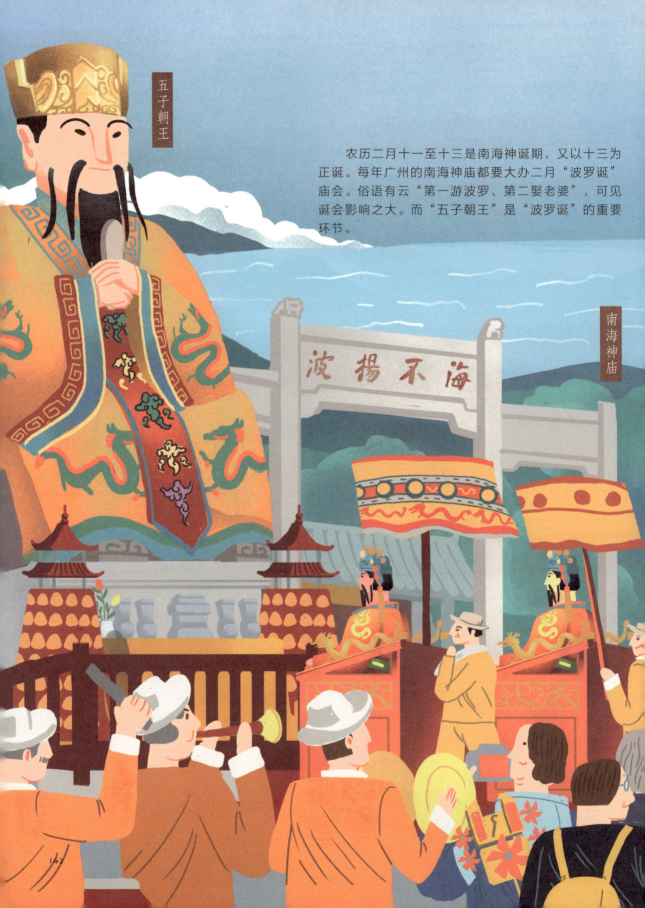

五子朝王

农历二月十一至十三是南海神诞期，又以十三为正诞。每年广州的南海神庙都要大办二月"波罗诞"庙会。俗语有云"第一游波罗、第二娶老婆"，可见诞会影响之大。而"五子朝王"是"波罗诞"的重要环节。

海不扬波

南海神庙

传说南海神有五个儿子，平时都在各自的神庙里享受民间香火。波罗诞之日，乡民会把他们的神像抬回南海神庙祝寿，称为"五子朝王"，也称"祭海神"。其中外号"硬颈三"（"硬颈"意为脾气倔强）的三儿子，因为脾气坏、爱唱反调，每年都是背向进庙的。

浴日亭

北宋绍圣初年，苏东坡谪居惠州时，途经南海神庙，留宿海光寺，次日清晨，在主持陪同下，登上浴

始安

外号"硬颈三"

南海神的三儿子，

143

北 帝

　　北帝又称真武帝君或玄武大帝，是统领北方的道教大神。因北方在五行中属水，所以北帝统领所有水域，被当水上保护神来供奉。岭南河网密集，以舟艇为主要交通工具，为免受险，人们都求神明庇佑。

　　农历三月初三是北帝诞，佛山祖庙会有祭拜、大戏、打醮等传统活动。信众还会请北帝的神像出游，游神队伍，由龙狮开道，浩浩荡荡在乡中绕行。广州西关、番禺等地亦有相关巡游活动。番禺沙湾更以规模盛大的飘色赛会为北帝贺寿。

属性：水

坐骑：玄武

司掌：北极六天

技能：荡魔灭妖，护持正道

法宝：七星剑

边度睇：佛山祖庙
　　　　广州仁威庙

龙 母

　　自秦至今，悦城龙母信仰已有两千多年历史。龙母是中国西江流域颇具特色的一位女神祇，其流传之广，影响之大，不亚于海神娘娘妈祖（天后）。

　　相传龙母姓温，某天在西江边拾到一只卵，孵出五只小动物，能为温氏捕鱼。五物长大后竟变成头角峥嵘、身皆鳞甲的真龙。温氏让它们施云播雨，保境安民。此后人们便称温氏为龙母。后来龙母仙逝，五龙悲痛欲绝，将她葬于北岸的珠山下。建庙名曰"孝通庙"，后改为"龙母祖庙"。

　　龙母祖庙建于秦汉期间，位于肇庆市德庆县悦城镇五龙山下的悦城河与西江交汇处。龙母诞为农历五月初八，其间有大批民众前往上香拜祭。

属性：水　　　　　　坐骑：龙

司掌：降雨，河道　　技能：保佑风调雨顺，农渔丰收

法宝：龙头杖　　　　边度睇：悦城龙母庙

145

妈祖

妈祖又叫"天后"，能保佑人们海上平安和渔获丰收。妈祖信仰源自宋朝，明清时随沿海移民外迁而成为世界著名海神之一。

妈祖确有其人。据考证，妈祖姓林，小名默娘，出生于宋代福建莆田湄洲岛，自幼聪明伶俐，擅长占卜。史籍说她"能预言人祸福，关心履救"，所以她死后民众就把她当保护神供奉。

属性：水　　　　坐骑：无

司掌：海事航海　　技能：保海上平安，鱼获丰收

法宝：玉如意　　　边度睇：南沙、澳门、香港

澳门的外文名称源于妈祖。1553年，葡萄牙人从妈祖阁附近登陆后，向一个当地人询问这里的地名。由于身处妈祖阁旁，又临近港口，当地人便说这里叫妈港或者妈阁。听不懂中文的葡萄牙人就把这两个相似的读音译成葡萄牙语 Macau，英语则翻译为 Macao。

妈祖阁坐落在澳门半岛的西南面，距今已有五百多年的历史。在明清时期，从西方来华的商船，都要先在澳门登岸领取入境牌照，因此，这座背山面海的妈祖阁就成为西方人心目中的澳门标志。在清代不少外销画家都喜欢把妈祖阁画进画面。

清朝时期的妈祖庙 图片来自盖蒂博物馆

华光大帝

华光大帝，相传他姓马名灵耀，因生有三只眼，故又称"马王爷三只眼"。他是真武大帝的部将，护法天界。相传华光大帝用火烧死鬼王，并以三昧真火炼成"三角金砖"，降魔伏妖，故亦称他"火神爷"。

农历九月廿八是华光诞，粤剧戏班会在这天举行祭祀活动。作为粤剧发祥地，广州西关，有盛大的巡游。粤剧博物馆也有粤剧演出。在佛山古镇，祭奉华光亦甚为隆重，演戏酬神达三四昼夜。

属性：火　　　　　坐骑：无

司掌：梨园戏台　　技能：降魔伏妖，免除火灾

法宝：三角金砖　　边度睇：华光庙

　　粤剧伶人奉华光大帝为祖师爷。相传初时，广府人做戏不避忌讳，得罪天庭，玉帝命华光烧毁所有戏台。华光大帝于心不忍，于是托梦各戏班班主，该如何祭祀，以保梨园平安，又吩咐戏班在戏台前烧黄烟，以此向玉帝覆旨。此后，每逢戏台落成、新戏演出，粤剧戏班必定拜祭华光大帝。

关帝

被道教奉为护法四帅之一的"关圣帝君"关羽，即人们常说的"关帝"。作为三国时期名将，关帝事迹符合仁、义、礼、智、信等传统美德，深受民众爱戴。关帝信仰在广府地区可谓深入各阶层，其中，尤以工商界和武林中人对关帝最为恭谨。由于诚信守诺在商业中尤为重要，又因关帝的红脸象征"红利"，当代商家都将他奉为财神，虔诚膜拜。

属性：无

坐骑：赤兔马

司掌：信义、秩序

技能：护持正义

法宝：青龙偃月刀

边度睇：西场村关帝庙

财 神

　　"财神到，财神到，好走快两步，得到佢睇起你，你有前途。"每逢过年，这首朗朗上口的粤语歌都会准时出现在广府的大街小巷里。财神是道教俗神，广府人对他尤为崇拜，人们也喜欢把掌握大笔金钱或慷慨解囊的人称为"财爷"。一到农历大年初五，老广就例行要接财神。俗话说"送神早，接神迟"，接神仪式一般在下午 4 时到晚上进行，供品有三牲、水果、茶、糖果等。

属性：金

坐骑：无

司掌：人间财富

技能：招财进宝，财运亨通

法宝：聚宝盆

边度睇：各地财神庙

作为八仙之中唯一的女仙，何仙姑的传说家喻户晓。而作为广东增城人，何仙姑与增城挂绿荔枝的故事也在增城广为流传。

相传何仙姑去蓬莱"八仙过海"之前，为父母织了一双绣花鞋。匆忙之间，原本挂在她衣服上的一条绿丝带滑落到隔壁的荔枝树上，化成了荔枝上细细的绿线。后来，人们尝过那棵树上的荔枝，纷纷称赞荔枝的口感鲜甜，并深信这神奇的美味肯定是源于何仙姑落在荔枝上的那条绿丝带。

从此以后，带有绿线的挂绿荔枝成了远近闻名的岭南佳果，它与何仙姑的故事也因此流传至今。

增城挂绿

何仙姑

何仙姑手持荷花，清丽脱俗，是道教八仙中唯一女性。关于她的传说，大都赋予了预知祸福、洞知人事、反抗包办婚姻等色彩。作为何仙姑的家乡，增城小楼镇至今仍保留着何仙姑家庙及其仙化之所"问仙井"。乡民认为，家庙四周井水都略有咸味，唯独这口井的水清澈甘冽，常饮可强身健体，医治百病。

属性：木

坐骑：无

司掌：治世度生

技能：预知祸福，消除疫灾

法宝：荷花

边度睇：增城何仙姑家庙

金花娘娘

相传明朝时广州一巡按的夫人难产，巡按大人手足无措，累极小憩，梦见一老翁说，"请金花姑娘来，可保母子平安"。巡按找到了这名叫金花的姑娘，当金花姑娘一入后堂，巡按夫人就平安产下婴儿。从此，金花娘娘声名传遍广州，许多临产家庭都找金花庇佑。金花娘娘就成了广州特有的"本土神"，农历四月十七被定为金花诞。

属性：木

坐骑：无

司掌：妇女生育

技能：保佑生育平安

法宝：红白二花

边度睇：长洲岛金花庙

冼夫人

冼夫人，封号"谯国夫人"，是南朝梁代至隋初岭南地区的百越领袖。她生于茂名，自幼贤明，谋略过人，擅长行军用师。嫁到高州后，帮助夫家冯氏树立威信，镇服诸越。冼夫人一生致力于维护国家统一，促进汉俚民族融合，老百姓尊称她为"圣母"，并建冼太庙供奉。

属性：无　　　　　坐骑：千里马

司掌：岭南大地　　技能：保境安民

法宝：锦伞　　　　边度睇：茂名市高州冼太庙
　　　　　　　　　　　　　　茂名电白娘娘庙

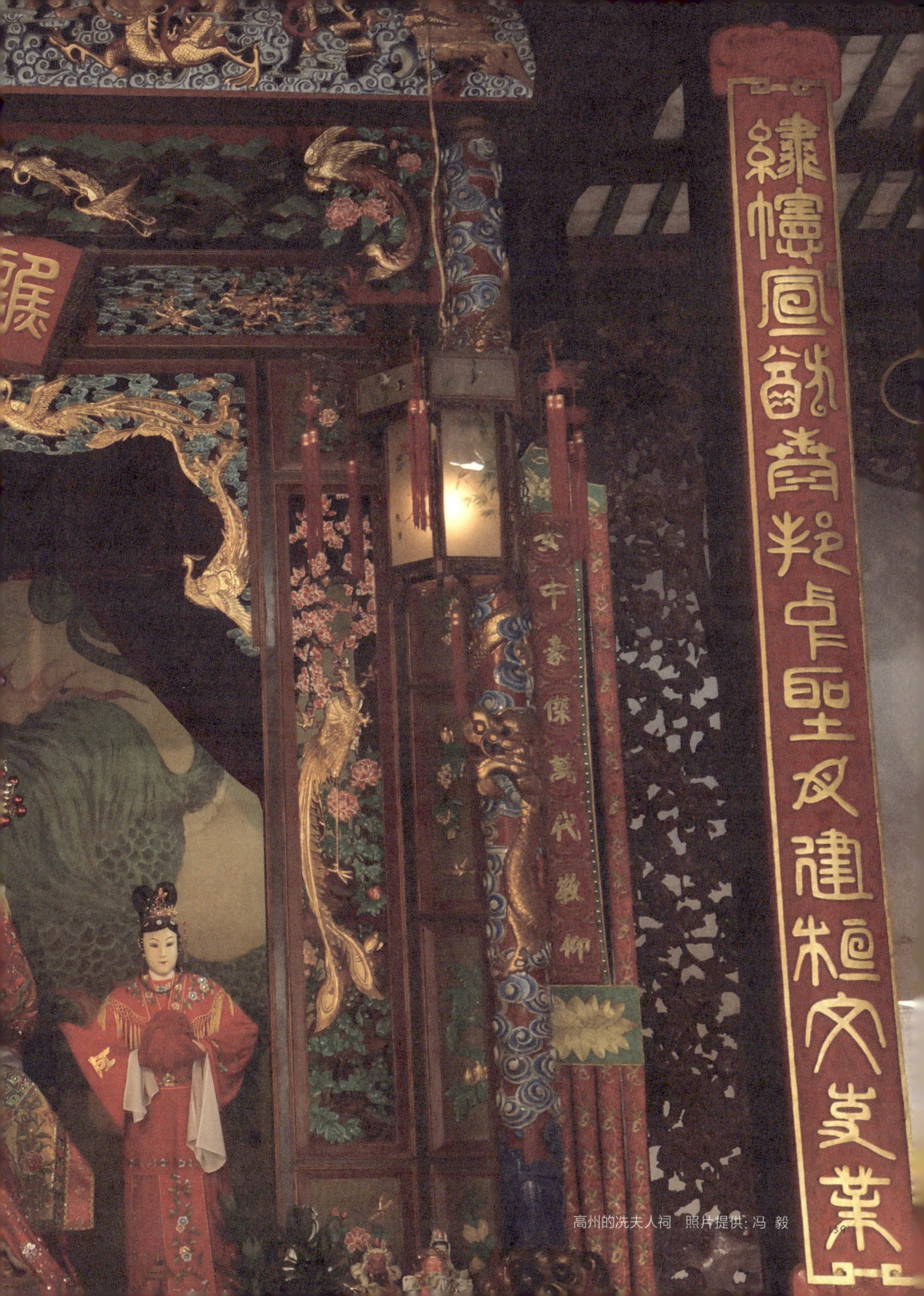

高州的冼夫人祠　照片提供：冯　毅

葛洪

葛洪，是东晋医药学家、著名道教领袖。他出身江南士族，拜鲍靓为师修习道术，深得鲍靓器重。葛洪夫妇曾在南海西樵山和广州越岗院（即今三元宫）行医，后隐居罗浮山炼丹著书。葛洪著的《肘后备急方》有青蒿医治疟疾的记载。屠呦呦受此启发，从中草药中分离出青蒿素用于疟疾治疗，并因此获得诺贝尔医学奖。现在广州白云仙馆、三元宫，南海西樵山，惠州罗浮山都有供奉葛洪夫妇。

属性：木　　　　坐骑：无

司掌：炼丹　　　技能：行医济世，炼药

法宝：宝葫芦　　边度睇：罗浮山酥醪观

郑 仙

郑仙俗名郑安期，相传他奉秦始皇之命寻觅长生不老药，一路云游到广州。当时瘟疫流行，为给百姓治病，他在白云山蒲涧采药却不慎坠崖，被仙鹤救起，随即飞升成仙。为纪念他的恩德，人们建了"郑仙祠"，又把他成仙的农历七月二十五定为"郑仙诞"，诞会时，人们登山拜祭，祈求身体健康。

属性：木

坐骑：仙鹤

司掌：采药

技能：行医济世

法宝：九节菖蒲

边度睇：广州白云山郑仙祠

黄大仙

黄大仙俗姓黄，名初平，浙江金华人。民间传说称，黄大仙行医济世，仙德广被，深受拥戴。后又因有求必应、签文灵验而誉满江湖，粉丝们远道而来只为求黄大仙指点迷津。而位于广州芳村及香港九龙的两间黄大仙祠最负盛名。

属性：无

坐骑：无

司掌：扶乩占卜

技能：有求必应，排忧解难

法宝：拂尘

边度睇：芳村黄大仙祠
香港九龙黄大仙祠

观世音菩萨

　　观世音菩萨又称观音、观音娘娘。观世音信仰随佛教进入中国，是慈悲与智慧的象征。观世音是最大众化的佛教菩萨。在中国南方，以及南洋华侨间，观音信仰极为普及，所谓"家家阿弥陀，户户观世音"。观音菩萨形象多为慈母。又化生出"送子观音""鱼篮观音""望海观音""千手观音"等。

属性：无

坐骑：金毛犼

司掌：普度众生

技能：救苦救难

法宝：宝瓶甘露

边度睇：莲花山望海观音
　　　　西樵山南海观音

六祖惠能

　　惠能是中国禅宗第六代祖师，惠能俗姓卢，其父当官被贬，流落新州（今广东新兴县）。父亲早逝，惠能和母亲相依为命，靠打柴度日。一天，惠能送柴到客店，听客人诵读《金刚经》有悟。客人说禅宗五祖弘忍在黄梅弘法，惠能决心出家学道。安顿好母亲后，便北上黄梅求法。

一花五叶

達摩

禅宗
Zen
◆ 何处惹尘埃 ◆

　　禅宗是佛教重要派别，主张修习禅定。又因其以参究为方法，以彻见心性为本源，被称"佛心宗"。

　　禅宗最早由菩提达摩传入中国，因而又有"达摩宗"之说。作为禅宗始祖，达摩于南北朝时期来到中国，且在广州登岸，现广州荔湾区还有"西来古岸"碑纪念之，而千年古刹华林寺也是为达摩而建。

　　禅宗流播地主要在广东、湖南、湖北、江西、浙江等，其在中国佛教各宗派中流传时间最长，至今仍延绵不绝，而且禅宗对中国哲学和艺术均有重要影响。

菩提达摩是佛传禅宗第二十八祖，为中国禅宗始祖。

拈花微笑

中国禅宗

　　禅宗又称达摩宗，下传慧可、僧璨、道信，至五祖弘忍下分为南宗惠能，北宗神秀，时称"南能北秀"。

163

惠能自幼丧父，母子二人靠打柴为生。惠能 22 岁时，偶然一次机会，听得《金刚经》，若有所悟，毅然出家，到黄梅向禅宗五祖弘忍学法。

然而在道场待了八个月，目不识丁的惠能一直被安排在厨房舂米。一日，五祖用作偈语的方式考察弟子见道程度兼选接班人，他的得意门生神秀在佛堂南廊写下"身是菩提树，心如明镜台，时时勤拂拭，莫使惹尘埃。"寺内广为传诵。怎知，"舂米仔"惠能听后竟立作一偈："菩提本无树，明镜亦非台。本来无一物，何处惹尘埃。"

读罢此偈，弘忍已知六祖人选非这个"舂米仔"莫属。但又怕惠能招人嫉妒，因此让他半夜入室，传经送衣钵，并亲自送他到江州渡口，让他回岭南避风头。

夜传衣钵

这个衣钵是达摩祖师代代传下的信物，是禅宗传人的印证。现在我传你衣钵，快快离开，恐有人害你。

多谢师父，弟子谨遵教诲。

衣钵法力

刚踏入岭南，惠能就被争夺衣钵的僧人追上了。惠能见状，不跑不逃藏于草丛，而衣钵则放置石头上。武僧惠明见石上衣钵，伸手就抢，神奇是，衣钵竟重如磐石，连孔武有力的惠明也无法提起。惠明始知尚未开悟，遂请惠能为他讲法。

应该是我摇橹，渡你过江。

迷茫的时候师父度我，我了悟的时候就该自己度自己。

惠能在四会潜修足有 15 年之久，至唐高宗年间，他感到是时候出来弘扬佛法了，便来到广州。在法性寺碰上两个和尚正争论风扬旗幡时，到底是风动还是幡动。惠能说："既非风动，亦非幡动，仁者心动耳。"印宗法师听罢立即出来请他到会中上座。

　　印宗法师得知惠能是禅宗法嗣，便替他削发，寺内僧人们也开始向惠能学习顿悟法门。

乾明法性寺

乾明法性寺即现在广州光孝寺，寺内有六祖发塔，相传六祖惠能剃度的头发就藏在塔旁树下。

佛法在世间，不离世间觉，离世觅菩提，恰如求兔角。

高见！

削发具戒次年春天，六祖惠能又到了曹溪宝林寺宣扬禅宗，名噪一时。武则天当即赐予宝林寺题匾"南华禅寺"，宝林寺因而改称南华寺。惠能在此传教说法 37 年，其言行后被弟子法海汇编成禅宗宗经《法宝坛经》。

开山传法

佛

后 记

　　"广府"一词，由最初的地域行政概念，变成了现在的文化概念。而这个文化，至今还在不断地变化着。有消亡的部分，如已经不复见的疍家人、自梳女；也有新生的部分，如新民俗——广府庙会，以及吸收了潮汕人习俗的香港盂兰盆节等。我们想用绘本的形式把这个漫长复杂的形成过程记录下来，实属不易。自己挖的坑，含着泪也要跳下去，折腾了两年多，上半部分终于能拿得出手见人。

　　这其中，除了我们自己做了海量的资料搜集工作外，还少不了各界人士的援手，在这里，我要向他们致谢。

　　香港的资深记者Yau，对我们一书的编写制作给了极大的帮助，为我们出谋划策、修改文字、搜索资料，给我们版面提出很多有益的意见。

　　民俗学者曾应枫老师，知道我们在做"岁时节庆"的篇章后，特地在七夕期间带我们去到天河珠村看摆乞巧，在中元节期间又邀我们同去沙尾村看摆中原。

　　车陂龙舟促进会在端午期间，带我们感受龙舟文化，还给我们提供了不少资料图片。

　　香港非遗工作者蔡启光老师，在七月半期间，约我们同去看香港广府式盂兰胜会，给我们补上了很多有关知识和图片。

中央人民广播电台的 DJ 肥光，为我们用粤语录制多段书本内的故事音频。

羊城网创办人劳震宇，为我们将故事音频做成二维码置于羊城网内，方便读者边阅读边听故事。

好朋友何裕华，在带宝宝的同时还给我们修改文字，经常要趁宝宝入睡后才加班工作。

当然还有给我们提供过资料图片的亲朋好友：黎旭阳先生、杨华辉先生、冯毅先生、卢洁莹女士、广府庙会组委会，部分历史图片来自美国麻省理工大学网上资料库。

最后要特别感谢广东人民出版社对老广新游系列一贯的支持，还有万能的责编黎捷、夏素玲小姐姐，难为她们跟我们的书稿，因为每次我们都是拖稿拖到最后还在不断修改，感谢她们也耐着性子容忍我们的任性。

由于编者水平有限，本书难免存在错漏，敬请专家学者和读者为我们提出宝贵意见。

老廣新游
大话国

大话国创作团队

★ 大 欣   ★ 小 可   ★ 斯 敏

★ Win   ★ 鱼 仔   ★ 小 菁

★ 孙 孙